江西师范大学
外国语言文学学术文库

实习英语教师
专业学习研究

胡新建 ◎ 著

中国社会科学出版社

图书在版编目（CIP）数据

实习英语教师专业学习研究/胡新建著.—北京：中国社会科学出版社，2021.2
ISBN 978 – 7 – 5203 – 7693 – 8

Ⅰ.①实… Ⅱ.①胡… Ⅲ.①英语—教师—师资培养—研究 Ⅳ.①G451.2
②H319.3

中国版本图书馆 CIP 数据核字（2020）第 264201 号

出 版 人 赵剑英
责任编辑 张 林
责任校对 周晓东
责任印制 戴 宽

出 版 中国社会科学出版社
社 址 北京鼓楼西大街甲 158 号
邮 编 100720
网 址 http://www.csspw.cn
发 行 部 010 – 84083685
门 市 部 010 – 84029450
经 销 新华书店及其他书店

印 刷 北京明恒达印务有限公司
装 订 廊坊市广阳区广增装订厂
版 次 2021 年 2 月第 1 版
印 次 2021 年 2 月第 1 次印刷

开 本 710×1000 1/16
印 张 13.25
插 页 2
字 数 180 千字
定 价 76.00 元

目　　录

图表目录

第 一 章

导　　论

　　教师专业学习是一个漫长而复杂的过程。本研究以职前英语教师在教育实习阶段的专业学习为探索对象，主要聚焦理解实习英语教师是如何学做教师？学到了什么？受到哪些因素的影响？本章首先介绍职前教师教育的课程理念、课程设置和课程实施现状，以此作为本研究置身职前教师教育实践和研究的大背景；接着阐述聚焦实习教师专业学习研究的缘由；随后简要地论述本研究的潜在价值和目的。

1.1　研究背景

　　职前教师教育是教师专业发展的起点，是教师教育的关键环节，也是教师成长过程中的重要阶段。目前，中国职前教师教育任务主要由师范院校承担，少数综合性院校的教育学院也开设了一些教师教育类的专业或课程。自京师大学堂师范馆开始，中国系统化的职前教师教育已有百余年历史（郑师渠，2004）；中国的职前英语教师教育虽然起步较晚，但也经历了五十多年的历程（邹为诚，2009）。在这些年的探索、发展和改革中，职前教师教育积淀了成熟的师范教育思想和传统，形成了一整套的师范教育体系和教育模式，确立了相应的课程结构，造就和培养了许多师范教育优秀师资，为中国各级各类教育机构培养了大量的合格教师，取得了丰硕的成果。

然而在现阶段，科技的日新月异、经济的迅速增长以及社会的快速发展和转型对职前教师教育提出了新的要求和巨大挑战。职前教师教育发展相对滞后，与时代和社会发展要求的矛盾逐渐突出，集中体现在课程理念陈旧、课程设置单一、课程实施实效不好等方面（王蔷等，2007；武尊民、陆锡钦，2007；程晓堂、孙晓慧，2010）。这些问题导致师范院校毕业生的教育教学实践能力不强，专业发展力不足，不能适应课程改革环境和要求。

（1）课程理念

自 20 世纪 90 年代以来，学界对教师教育性质和过程的认知已有重大的发展，教师教育的理念和模式也正经历着由工具理性取向朝反思理性取向、实践理性取向以及生态取向的转变（Wallace，1991；教育部师范司，2003）。教师教育不再被单纯视为传递理论知识和培养教育教学技能的过程，而是学习者通过实践参与、亲身体验、互动对话和积极反思来建构教育教学实践性知识，生成教育教学能力的过程。

然而，国内不少师范院校仍然因循传统的工具理性教师教育理念，视传递教育教学理论和培养师范生的教学技能为目标，忽视理论和实践的内在联系，认为师范生在大学毕业后的教育教学实践中自然而然会使用所学到的知识和技能（王蔷等，2007）。同时，师范生的学习过程也被视为被动接受知识和技能的过程，忽视师范生的主动性以及原有的与教育教学有关的认识和经验。

（2）课程设置

上述课程理念方面存在的问题进一步导致了职前教师教育课程设置上的问题。教师教育课程设置"碎片化"，缺乏联系性，时代感不强（王蔷等，2007）。综合起来，中国教师教育课程设置方面主要存在以下问题。一是课程老旧，缺乏时代感（王建磐，2006）。

大多数师范院校的教师教育课程仍然以"二学一法"(心理学,教育学,学科教学法)为核心,内容陈旧、面窄和空泛(近年来,随着《教师教育课程标准》的颁布,这种现象略有改观)。二是课程结构不合理,教师教育课程比例偏小(武尊民、陆锡钦,2007),不能满足师范生专业能力发展的需要。三是课程之间条块分割严重,课程内容之间重复和相互冲突并存。教育理论和教育心理学理论与学科教学法各说各话,缺乏一致性和连续性。四是课程的实践性不强,远离中小学课堂,与中小学教育教学实际脱离。五是实习课程薄弱,缺乏实效。很多学校仅有六周的实习课程,并且师范生能进行课堂教学实践的时间更短,师范生的实践机会极度缺乏(程晓堂、孙晓慧,2010)。

(3)课程实施

教师教育课程在实施层面也存在不少问题。很多师范院校的教师教育课程都是大班授课,重形式,走过场,忽视课程实效(高洪源、赵欣如,2000)。很多教师教育课程的课堂教学形式单一,以讲授式的课型为主,忽视学生的参与和体验(李广等,2008;胡新建、胡艳,2012)。此外,教师教育课程评价不合理,很多院校仍然以终结性评价为主,忽视对学习过程的评价;强调学生的笔试成绩,忽视学生的与教育教学相关的实践能力(李广等,2008)。

总之,中国的师范教育在课程理念、课程设置和实施方面都存在着众多问题。同时不难看出,上述问题实质上都指向职前教师教育中理论和实践的紧张关系以及对师范生专业学习过程和机制认识的不足。由于对教育实习功能和作用认识的不足,对实践场域中的专业学习机制缺乏理解,这些问题在职前英语教育的教育实习课程中表现得更为突出。

1.2 问题的提出

1.2.1 教育实习实施现状

教育实习是职前教师教育的关键环节。教育实习不仅是师范生展示和应用教师教育课程中所学知识的过程，而且是他们在教育教学实践中学习教学和获得专业成长的重要时机已经成为学界的共识（Funk et al., 1982；Zeichner, 1996, 2010；叶澜, 2002；徐志伟, 1999）。在理念层面，大多数师范院校都十分重视教育实习在职前教师培养中的重要作用。在执行层面，中国教育实习工作主要是依据《高等师范院校教育实习方案》和教育部《师范生教育实习规定》（征求意见稿）组织和安排教育实习活动。

一般说来，教育实习由教务处统一协调经费和实习基地，各教学单位具体负责教师委派、督导和评价工作。目前，教育实习大多采取委托实习培养模式，学生集中或分散被委派到中小学校，主要由实习学校负责实习指导和管理，大学则安排教师巡回指导。也有部分院校存在顶岗实习模式。在该模式下，实习生顶替实习学校的教师，全面负责整个学期的全部教育教学工作。教育实习任务主要包括教学工作实习、班主任工作实习和调研实习三部分。大部分院校的实习安排在四年级上学期，实习期一般为6—8周。总的说来，中国师范院校的教育实习任务和目标比较明确，组织管理在形式上也比较严格（林一钢, 2009）。

在职前教师教育的文件和文献中，教育实习往往被"关键""不可或缺"以及"重要环节"等字词修饰（Zeichner, 1981；1996；顾明远, 1998）。教育部（2011）新颁布的《教师教育课程标准》中也重点强调加强教育实践环节以实现教育实习的重要功能。然而在现实中，教育实习的实施现状却不容乐观。高洪源、赵欣如（2000）指出职前教师教育最突出的弱点之一就是教育实习环节薄弱。概括起来，中国教育实习在实施中主要存在以下问题。

教育实习目标偏重教学技能的学习和培养，主要强调师范生在教育实践中应用大学阶段所学的理论和技能。单一的教育实习目标一方面导致实习中教育理论与教育实践的脱节，学习和应用的分离。另一方面片面强调教学技能致使师范生偏重照搬和模仿实习基地教师的教学方法和步骤，忽视反思的作用，缺少对教育教学现象背后本质的探索和思考（高洪源、赵欣如，2000）。

在教育实习实施方面存在实习时间过短现象；而且在6—8周的实习期内，师范生实际参与教育教学的机会很少，很多实习学校仅能让学生上几节课。短暂的实习，极少的亲身参与机会很难为师范生提供切身的教育教学体验以及对教育教学实践的感悟和反思，因此往往导致教育实习流于形式，缺乏实质性的学习（章跃一，2008）。

教育实习中存在的最严重问题就是教育实习指导教师质量良莠不齐，师资建设落后（Zeichner，1996；2010）。中国师范院校对教育实习指导教师队伍建设缺少规划和支持。教育实习指导教师的遴选比较随意，很多指导教师不具备学科教学研究背景，对教育实习的功能和性质不了解，缺乏教育实习指导的热情和经验（李伟，2003）。另外，高校实习指导教师地位与其他专业教师相比地位不高，资金支持较少，这些都影响指导教师参与教育实习工作的积极性。

另一重大问题就是教育实习基地建设滞后。很多实习基地不愿接受实习生，甚至认为实习生在一定程度上影响了学校的正常教育教学工作（王永红、汪朝阳，2000；章跃一，2008）。很多实习基地的合作教师从未接触过教师教育方面的培训或指导，对师范生的教育实习仅存在一些经验性或想当然的认识（林一钢，2009）。此外，教育实习合作教师身份模糊，报酬微薄的问题也比较突出。

实习基地建设和师资建设的落后导致教育实习指导形式单一，指导内容单薄。大多数情况下，大学指派的指导教师在实习前主要为师范生讲一些实习期间要注意的事项，在实习中主要是去听几节课，提一些意见。这种指导往往流于形式，缺乏实质性的效果。实习基地的合作教师则往往采取指令性督导方式（Gebhard，1990）。这种指导采取直接的指令方式，要求师范生按照合作教师的思路和教学模式设计实施教学，重视教学的表面行为而忽视教学的内在结构。而且，指令性的指导给实习生选择和思考的空间十分狭窄，不利于实习生主动性的发挥。

教育实习评价方面也存在着评价指标单一，忽视评价的促学功能等问题（车广吉、丁艳辉，2011）。教育实习的评价往往依据实习生的某次课堂教学表现和所提交的反思作业评定，忽视对实习生学习过程，实习前后在对教学认识和理解上变化的评价。

综上所述，国内师范院校的教育实习在课程目标、课程实施和评价，以及教育实习的保障方面存在诸多问题。这些问题的核心是师范生在教育实习中的专业学习需要与教育实习课程所提供的经验、学习空间、发展支持之间的错配，因而不能为师范生在实践中的专业学习和成长提供有利的环境和个性化的支持。不难看出，这些问题的症结在于对师范生在实践中的专业学习机制认识的不足。因此，理解实习教师在教育实习中的专业学习过程机制、结果以及影响因素是当前教师教育研究中的一项急迫任务。

1.2.2 教育实习研究现状

自 20 世纪 90 年代开始，职前教师实习问题研究成为国外教育研究领域的重要选题（Zeichner，1992；1996；Johnson，1996）。在国内，被诸多问题困扰的高师教育实习也逐渐引起了教育学界的关注并取得不少成果。

从研究范畴方面考察，国内的教育实习研究主要聚焦以下研究领域：（1）在分析教育实习现状基础上，指出教育实习中存在的问题，进而提出相应的改革对策和改进建议（倪小玲，1990；姚成荣，1993；邹迟，1996；姚云，1998；徐志伟，1999；王永红、汪朝阳，2000；高洪源、赵欣如，2000；涂珍梅，2005；刘丕勇，2006；章跃一，2008；李崇爱、万成，2006）。（2）引介国外教育实习模式或策略，探索新的教育实习模式的推进和实践（陈冀平，2000；胡灵敏，2000；孟宪乐，2003，赵昌木，2003；邓艳红，2004；李崇爱、王昌善，2005；陈静安，2004；王较过、朱贺，2007；胡青、刘小强，2007；杨秀玉，2008；陈阳，2008）。（3）实习生在教育实习中关注的焦点和感受（吕立杰、郑晓宇，2008；杨秀玉，2009；）。（4）考察师范生在教育实习中知识、技能、态度和信念等的变化和发展（蔡碧莲、邓怡勋，2004；林一钢，2008；郭新婕、王蔷，2009；耿文侠、孙艺铭，2010；宋改敏、李景元，2010）。

从研究方法上，仅有少量的教育实习研究采用访谈、案例研究、观察等质性研究方法，大多数的研究要么基于感性经验做主观分析，要么对他国的模式或理念做引介、比较和评论。

综合分析现有文献，中国的教育实习研究呈现以下特点：（1）大多数研究主要聚焦教育实习的模式创新或者现存具体问题的解决。（2）很多研究都是基于研究者的感性认识或经验，缺乏基于实证的系统探究。（3）研究的视角更多着眼于师范院校、指导老师以及合作教师如何培养师范生，忽视了如何帮助师范生在实习中学习和发展。（4）众多研究主要围绕教育实习的外围问题如政策、实习基地建设、实习时间、实习指导方式，缺少对教育实习核心问题——师范生在实习场域中的学习过程、条件和机制的考察。

综观上述，尽管当前中国职前教师教育实习存在着众多亟待解决的问题，然而现有的大多数研究仅仅从如何"培训或教实习生"的视角出发，探讨实习政策和指导或视导策略。极少研究从实习教师"专业学习"视角出发，深入教育实习，获取问题解决的思路和启示。过去20多年的教师专业发展研究表明只有把教师视为积极主动的学习者，教师发展活动才能取得丰硕成果（Gu，2007）。鉴于此，本研究秉持实习教师是积极学习者的理念，认为实习教师在教育实习场域中的实践教育教学体验和经验是教师专业发展的源泉，重视实习教师主体性因素与实习场域中环境因素互动之于专业学习的意义。

1.3 研究意义

理解实习英语教师的专业学习对中国职前英语教师教育理论建构具有一定的意义。描绘和分析实习英语教师在中小学校的教育教学实践经历和经验中的专业学习，能够加深对职前英语教师实习内涵和性质的认识与理解。考察实习英语教师如何从经验中学习并获得专业发展，分析实习英语教师所处的环境，主客观因素对专业学习的影响有助于解释实习英语教师专业学习的过程、条件和机制，进一步深化对职前英语教师情境学习和体验学习的认识，丰富职前英语教师专业学习理论。此外，本研究尝试应用新兴的情境学习、体验学习概念框架来考察实习教师专业学习，其所提供的信息和数据可以为这些发展中的理论提供佐证、支持、修饰以及补充，在一定程度上能增进对一般学习理论的认识。

在实践方面，对实习场域中职前英语教师的专业学习问题的探索，一方面能通过职前教育实习的表象发现职前教育实习中存在的深层次问题，总结其中的有益经验。另一方面正如 Dewey（1904）所言，了解实习生的专业学习机制和过程并不是为了要实习生按照某种机制进行学习，而是为了更好地为他们提供专业学习所需的支持和条件。对实习场域中教师专业学习过程、条件和机制的理解，能够为教育实习政策的制定和调整，为构建实习教师学习支持系统提供原则性的指导。在微观方面，该研究能为提升实习指导和评价的效率，优化实习教师与环境的互动形式和方式，实习教师教育教学经验的选择和处理提供有益的启示。

1.4 研究目的

在中小学校获得的教育教学经验对于实习教师专业学习和从教能力的发展具有至关重要的作用已经成为学界的共识（Dewey，1904；Zeichner，1992；Tang，2003）。但是，从较为内在的层面，实习教师专业学习究竟如何发生，实习教师如何从教育教学实践参与中建构意义，实习教师与合作老师、大学指导老师以及同伴之间的互动是如何促进专业学习的发生和意义的生成，实习场域中所提供的概念工具和"重要他人"指导的作用究竟是如何实现？这一系列问题都需要进一步的挖掘，有待于做探索性的考察。

因此，本研究主要有以下三个目的：

（1）描述和理解职前英语教师在实习场域中的教育教学经历和体验，深化对教育实习内涵的认识和理解。

（2）解释实习教师专业学习机制，探索实习英语教师的学习过程、条件以及促进和制约因素，提升教育实习的效果。

（3）尝试拓宽和建构理论，在探索实习英语教师专业学习机制的过程中验证和拓展实习场域、学习理论。

第 二 章

文献综述

为了深入了解所选研究主题的研究现状，寻找研究的理论基础和探索空间，本章将从教师专业学习概念和实习教师专业学习研究两方面对研究主题的相关文献进行述评。

2.1 教师专业学习的概念与内涵

2.1.1 教师专业学习概念的提出

教师专业学习（teacher professional leaning 或 teacher learning）概念最早内隐于教师认知研究中。20 世纪 70 年代，教师认知研究在教育教学研究的认知转向过程中逐渐兴起（Clark & Peterson，1984）。教师认知研究主要包含教师临床思维活动研究、教师知识信念研究和教师反思过程研究三大领域（刘学惠，2007；Borg，2006），其实质上意味着教师教育研究开始重视教师如何学习教学。但是，在这一阶段，"教师专业学习"主题一直依附于教师认知概念，缺少明晰的概念框架和学习理论的支持。

20 世纪 80 年代，随着美国多项教育研究报告频频提及教师专业学习的概念及其重要性，教师专业学习逐渐引起学界广泛的关注。例如，美国教师教育研究中心（NCRTE，1988：27）指出，尽管各种聚焦教师教育的政策和建议层出不穷，教师专业学习却是一个未被触及的研究领域。在此之后,"教师专业学习"概念逐渐凸显,教师专业学习研究也逐渐从教师认知研究领域剥离出来,成为教师教育研究中的核心领域之一。

在外语教师教育领域,教师专业学习概念的引入则更晚。Freeman(1996)指出外语教师如何学习教学的研究十分匮乏并强调引入教师专业学习概念之于外语教师教育研究的价值。

教师专业学习概念的凸显,其意义并不仅限于教师教育领域中概念术语的更新——由教师专业发展转变为教师专业学习,而是教师教育研究的核心理念的重构,体现的是教师教育研究重心由关注如何培养和发展教师向关注教师如何学的转变(Feiman-Nemser & Remillard,1995;Freeman,1996;刘学惠、申继亮,2006;毛齐明,2010)。教师专业发展概念往往指向专业发展项目或活动对教师的知识、技能、信念以及教学行为的影响,仍然摆脱不了"被发展"的痕迹(Easton,2008)。与此不同的是,教师专业学习强调的是教师在日常教育教学的实践中回应其教育教学情境中的问题和需要而进行的主动探索。教师专业学习概念蕴含着对教师在专业成长中的自主性、情境性、日常性和持续性的侧重(Loughran,etal.,2011)。

2.1.2 教师专业学习的基本理论视角

教师专业学习概念在不同的学习理论视角下有着不同的阐释,学习是什么,学习如何发生深刻影响着人们对教师专业学习的理解。在过去的30多年中,学者们采用不同的学习视角对教师专业学习进行诠释。本节将概述不同的理论视角下教师专业学习概念的基本主张和意蕴。

(1)认知建构主义教师专业学习观

皮亚杰是认知建构主义的主要奠基人。根据皮亚杰的观点,学习是学习者主动、自发地建构对客观世界及其环境的认识过程。这种认识过程并不是学习者对客观世界被动的镜像式反映，不是学习者从外部世界摄入预先制定知识的过程，而是积极生成个人意义的过程。认知建构主义对学习者在认知过程中的重要性认识超越了主客观二元对立的认识论传统，是对传统学习理论的一次质的飞跃。

认知建构主义强调学习者原有的知识或图式对新知识建构的影响，认为通过同化和顺应两种机制而建构新的独特的个人化知识。

因此，认知建构主义揭示了学习的主动性和自发性的本质。根据此观点，教师专业学习是个体教师自发地、主动地习得技能和知识，建构个人教学信念，形成对教学独特理解的过程（Kelly，2006）。教育教学知识的主动建构观念是对传统的行为模仿式教师学习观和规则应用式教师学习观的超越。这种观念强调了教师作为学习者在知识创生和意义生成中的中心地位，赋予教师专业学习更多的主动性和个人意义（Borg，2003；刘学惠，2007）。但是，认知建构主义的教师学习观认为教师在一种情境下获得的知识、技能和达致的理解能够顺利地迁移到其他的情境中，因此其对教师专业学习的情境性关注不够。

（2）经验论视角下的教师专业学习观

经验论是杜威教育哲学思想的核心，也是教育哲学史上一次重大的飞跃。自苏格拉底以降，理性在教育中处于统治，理性被视为真实的、纯净的和自洽的，而经验往往被视为虚空的想象。因此，教育的宗旨是帮助人摆脱现象世界中的经验，追寻理性。杜威（1991）则第一次明确提出经验之于教育的核心地位。杜威认为教育是经验连续不断地改造和重组，是"属于经验、由于经验和为着经验的"（杜威，1991：256）。

与皮亚杰的发生认识论不同，杜威把经验而不是操作行为及直接物理体验作为认识的起点和关键因素。在杜威的教育思想中，经验是连接认识与行为、心智与外物、主观与客观的纽带，是一切认识的源泉（杜威，1991）。基于对经验在教育和学习中地位的肯定，"教育即生活""做中学"成为杜威教育思想中的重要隐喻。

但是，经验是不是等同于学习呢，什么样的经验能促进学习呢？杜威从经验联系性和交互性两方面做出了回答。在论述经验的联系性时，杜威从习惯性的原则出发，认为习惯的基本特性就是过去所做过或经历过的事情都会改变或影响做着和经历着该事情的人。因此，以前的经验影响或者说改变之后的经验性质，并且进入经验领域的人也必然与之前有所不同。经验所引起的这种不同或改变，不仅反映在理智层面，也反映在态度和情感层面。基于此，杜威把经验的联系性概括为经验既从过去的经验中获取某种内在的特质，又改变着将来的经验性质。

经验的联系性是对经验的重复性认识的超越，强调经验的生成性以及每次经验所生成的改变和成长。经验的联系性为认识经验之于学习的意义提供了依据。

但是，改变不等于学习，不是所有的经验都意味着学习的发生。只有当经验能够引向丰富的、深刻的、积极的、正向的将来经验，生成积极感受、情感和深刻的认识，这些经验才能引发学习的发生。

同时，杜威又强调了经验的交互作用之于学习的意蕴。个人处于不断变化的情境当中，人的经验也不例外。任何经验都具有客观条件和主观条件两个维度。杜威指出传统的教育观念和学习理论仅重视经验的客观条件的弊端，认为经验的主观条件和客观条件同等重要。而且，经验的主客观条件是相互作用的——客观环境总是和个人主观因素，如需要、愿景、目的以及能力等相互交叉影响。这些相互交织的主客观因素组合成经验的情境，决定着经验的内容和性质。

经验的交互性阐明了情境因素之于学习的重要作用，也正是这些主客观条件的相互作用生成了学习的复杂空间。在此复杂空间中，学习者之前的学习经验和具体情境中的制约或者促进因素相互影响并促成学习的发生。

基于杜威的学习观念，教师的教育教学实践经验在专业学习中具有核心作用。教师专业学习是基于教师的直接经验，镶嵌在教育教学情境之中，发生在教师的教育教学实践过程中。在具体场域中，教师过去的经验，教师的内在需求、能力与现实条件在教师的实践过程中相互制约并生成教师的专业学习空间。

（3）反思性思维视角下的教师专业学习观

杜威十分重视反思性思维在学习中的作用，认为反思性思维不仅是学习的条件也是学习的目的。根据 Dewey（1933）的观点，反思性思维是自发地、主动地、持续地探寻现有事物与其他事物之间的关系并生成相应信念的过程。反思性思维包含质疑与探寻两种状态。在实践中，通过反思性思维，学习者通过质疑和探寻在经验之上建构新的意义和信念。在这种反思性实践中，学习者抱着疑惑或怀疑的态度，审视着行动的过程和结果，衡量着行动背后的经验、知识或信念的意义和价值。这种审视和衡量往往意味着学习者甚至他人行为、信念和知识的调整与改变。

肖恩（Schon，1983）则进一步阐述了专业人员在日常工作中的反思性思维之于学习的重要作用。在具体的工作环境中，专业人员自发地在当前的行为中生成新的认知（knowing）来应对具体情境下的独特问题。这种行为中的认知是自发的，是回应具体问题和情境的，因此往往也是内隐的。而另一种反思性思维则是发生在工作行为之后，其对象是专业人员的已有经验，目的是应对将来可能发生的问题或具体情境。

具体到教师专业学习，其性质也是反思性的。反思性思维是教师的教育教学经验转化为教师专业能力的重要途径。

（4）社会文化视角的教师专业学习观

维果茨基是认知及学习理论社会化转向的奠基人。在探讨个人学习和发展问题时，维果茨基超越了对个体的内部心理机制关注，聚焦于从社会、历史和文化视角探索人的高级心理机能的产生和发展。

维果茨基认为人类学习镶嵌于人类的社会文化活动中，人的智能发展是一个由人造文化工具中介的自外而内的过程（Lantolf，2000）。尽管社会文化理论已发展成为包含多种次生理论的思想性视角，但概括起来其主要包含三个核心概念：内化说、中介说和活动说（高文，2001；刘学惠，2007）。活动说认为活动是人有意识地改造世界的行动，是人的主观世界与客观世界的相互作用，是人与他人相互联系的纽带。在活动的参与中，学习者与他人展开对话，学习者的参与改变着世界并为世界所改变，因此活动是个体发展和学习的重要资源。中介说认为以客观世界为对象的人有目的的活动往往是间接的、由人造文化工具中介的。这些人造文化工具包含文化制品、概念和社会关系三大类，其中语言是最重要的中介方式。内化说认为人的心理机能的发展并不是直接从外界吸收概念、技能和知识的过程，而是从社会的、个体之间的活动向个体内部活动转化的过程。换句话说，内化就是学习者从起初需要他人及社会人工文化制品的帮助才能进行某项活动而逐渐发展为能够自主控制该活动的过程。在内化的过程中，学习者建构了新的概念、知识，并且学习者本身也由此发生转变（Johnson & Golombek，2003；Johnson，2009）。

学习的社会文化理论对教师专业学习有着强大的解释能力。教师专业学习发生于教师的教育学习活动过程中，与整个社会的教育历史文化、教育背景有着千丝万缕的联系。在参与教育教学活动过程中，教师通过社会文化制品如教材、教学参考书、教育教学概念以及社会关系（同事关系、师生关系等）的中介，逐渐生成自我控制能力并建构教育教学知识、技能和认同。

2.1.3　教师专业学习的工作定义

教师专业学习概念的提出意味着教师教育核心理念的重构。同时，由于理解学习视角的多样性，教师专业学习概念内涵特别丰富，并没有一个公认的、无争议的定义。因此，在研究初级阶段阐明研究者的理论立场，界定一个工作定义显得十分必要。

学习的社会文化视角阐明了教师专业学习的实践参与本质，指出教师是在特定的工作情境中从边缘参与到专家参与的过渡中获得教学专长和专业认同的过程（Johnson & Golombek，2003）。在这一过程中，教师通过和环境的互动以及文化制品和概念的中介获得分布于情境中的教学专长。另外，学习的经验论视角强调经验和反思之于教师专业学习的重要意义，认为教师专业学习源于教师对其教育教学经验的反思，学习结果则是实践性知识和对教学的理解。教师专业学习的社会文化视角着眼于专业学习的宏观过程和社会境脉，对理解教师专业学习的社会性和文化性有着重要的意义。而经验论视角则能够进入教师专业学习的微观层面，有助于理解教师如何在参与中生成"经验"，如何经由反思经验生成实践智慧。

目前，大多数研究在理解教师专业学习时往往强调教师专业学习的社会境脉和参与本质（刘学惠、申继亮，2006），对教师如何经历并建构教育教学经验，如何反思经验的关注并不多。因此，本研究对教师专业学习的理解将综合以上宏观和微观两种视角。除此之外，本研究也将在理解教师专业学习时整合学习的过程和结果。

基于此，本研究认为教师专业学习是教师在教育教学实践参与中获取教学专长的过程；在此参与过程中，教师经历并反思着教育教学经验，其结果是教学知识技能、教育教学理解和教师认同的发展。在此工作定义中，教师专业学习过程涉及宏观的参与层面和微观的经验和反思层面；专业学习结果则涵盖知识技能、理解和认同三个层次。

2.2 实习教师专业学习研究综述

在不同的教师发展阶段，其专业学习的环境、活动参与的情况、学习目标有很大不同。因此，教师专业学习研究要特别重视教师职业生涯的阶段性特征（Calderhead，1988）。本节将首先阐述实习教师专业学习的阶段性特征，其次再对实习教师专业学习研究进行述评。

2.2.1 实习教师专业学习的阶段性特性

在本研究中，实习教师是指由职前教师教育机构（主要是师范院校）派往中小学校参与教育教学实践的师范专业的大学生。这些实习教师承担部分学科教师的教育教学工作和班主任的管理工作，并在大学指导教师和中小学校的合作教师的双重指导下（以后者为主）开展教育教学实践（叶澜，2002）。从专业学习的角度看，实习教师的专业学习是在指导教师和合作教师指导下学做教师的过程。虽然，实习教师学习和在职教师学习都显现成人学习、经验学习以及情境学习的特征，但是教育实习情境与在职教师工作情境在性质、功能等方面都存在显著的差别。因此，笔者将从教育实习内涵和实习教师专业学习特点两方面阐述实习教师专业学习的阶段性特性。

（1）教育实习内涵

教育实习概念的渊源可以追溯到传统的学徒式训练，继承了学徒式训练中学徒通过在现场观察和模仿师傅学习技艺的思想（Stone，1987；林一钢，2009）。到了 20 世纪，随着技术主义思潮兴起的影响，教育实习被视为实习教师在实践中应用所学教育教学理论，训练教育教学技能的过程。近年来，随着学界对教师专业性认识的加深，教师作为专业人员，与技术工人的操作应用型实践者截然不同的反思性实践者的特性受到重视；另外，社会建构主义教育观和情境学习理论改变了学界对教育实习的认识。因而，教育实习所提供的实践体验、反思机会、边缘性参与以及与意义和身份的协商获得更多的关注。

尽管学界认同上述的教育实习内涵的发展轨迹，但是学者却从不同的角度，各有侧重地给教育实习下了不同的定义。

Zeichner（1996）指出教育实习并不仅是展示和应用教师教育课程中所学知识的过程，而是在教育教学实践中学习教学和专业成长的重要时机。其强调的是教育实习之于教师学习和专业成长的意义。叶澜则试图全面概括教育实习作为高师教育课程所蕴含的内容和目的。叶澜（2002：150）认为教育实习是"高年级师范生到初等或中等学校进行教育和教学实践活动。在指导教师的帮助下，通过学习教学实际工作了解教育现实，体会教育实践、尝试应用所学教育理论、培养和锻炼从事教育教学工作能力，进而加深对教师职业的理解和认识"。台湾学者黄政杰、张芬芬（2001：23—24，转引自林一钢，2009）则从广义和狭义两个层面概述了教育实习的含义。广义的教育实习主要是指师范生在实习场域中所获得的教育实践学习经验；其目的是为师范生获得体验教育实践的机会，促使师范生在教育实践场所中观察、探索、实验、尝试、应用、理解、分析、综合与判断，并在实践中理解、验证理论，发展实际从教能力的过程。不难看出，该定义中凸显的是教育实习给实习教师带来学习契机以及教师专业学习的方式。此外，有的学者则强调指导教师的重要作用，如李伟（2005）认为教育实习是师范生在教师指导下通过实践参与完善知识结构以及生成教育能力和职业素养的活动。

虽然教育实习的定义多种多样，但是从上面的论述可以看出教育实习的区别性特征主要有：①高师教育课程；②教师指导下的活动；③实践场域中的学习；④经验、理论和实践张力中的学习。

作为高等师范教育课程，教育实习不可避免地受到师范院校教育目的、教学计划影响，因此或多或少地具有学校教育的特性。同时，实习教师是在大学指导老师和实习学校合作老师双重指导下进行专业学习，实习教师和指导教师以及合作教师之间的关系、互动等也必定影响着专业学习的过程和结果。在教育实习中，实习教师拥有参与实际教育教学的机会，这又使实习教师学习体现一定的情境学习的特征。在这种情境下，实习教师在经验、理论和实践三者的交互作用下发展从教能力。

（2）实习教师专业学习特点

从教育实习的内涵和区别性特征可以看出，教育实习既不同于远离实践和直接经验的学校课程，也异于在职教师在完全参与教育教学实践中的专业学习。实习教师的专业学习处于大学课程学习和工作场所学习的中间地带和过渡期。

在这个中间地带，实习教师同时处于课堂教学行动环境、教师专业环境和督导环境三重环境中（Tang，2003）。在课堂教学行动环境中，实习教师、学生以及教学内容和目标形成相互影响的三角关系。学生对教学内容的把握以及教学目标的完成度是实习教师在课堂教学行动环境中教学行为质量的重要参照物，也是实习教师的实践探索空间，是教师获得经验的空间。在这种探索空间中，实习教师运用已有教学知识和经验与实践情境展开对话，并以学生的反馈作为参照进行教学能力的建构（Tang，2004）。

在教师专业环境中，实习教师与实习学校的教师、实习伙伴以及其他专业人员之间相互影响。实习教师观察其他教师的行事方式，与其他老师协商教学的途径和策略。在教师督导环境中，指导老师和合作老师对实习教师的教学活动提供指导和帮助，对其教学行为进行评价和反馈，而实习教师也对指导教师和合作教师的反馈作出回应。教师督导环境很大程度上影响着实习教师反思的频率、广度和深度。

实习教师专业学习的另一重要阶段性特征就是贯穿于实习期间，实习教师的期待和现实之间的冲突（Johnson，1996）。Lacey（2012）通过划定实习教师经历的四阶段来描述这种冲突：一是"蜜月"期，实习教师对实习满怀信心和期待，初尝教学的乐趣；二是"寻找教学资料和方法"期，实习教师探索应对教学问题以及弥补能力不足的教学方法和教学材料使用；三是"危机"期，实习教师发现难于应对教学中涌现的问题而出现危机感；四是"试误"期，实习教师通过妥协和调整积极应对现实中的问题。当理想走进现实之路，实习教师经历着"现实冲击"，而这种对教育环境和教学实践的美好愿景遭遇现实中的复杂问题时造成的冲突和调试也正是实习教师学习的空间（Brown，2006；吕立杰、郑晓宇，2008）。

因此，实习教师的专业学习是实习教师在上述三重环境中参与教育教学实践，在愿望与现实的冲突中获得亲身体验，并通过他人以及概念工具的中介生成对教育教学的理解和从教能力的复杂过程。

2.2.2　实习教师专业学习研究述评

学界对实习教师专业学习的关注可以追溯到杜威关于教育实习的理论和实践的探讨。由于教育实习对职前教师获得教育教学亲身体验、实际经验，加强理论和实践之间联系的特殊意义和作用，实习教师专业学习研究受到广泛的关注，涌现了大量意义重大的研究，深化了教育者对教育实习之于教师发展的认识和理解。然而，大多数的研究要么从设计有效的实习课程出发，关注的是如何通过教育实习促进实习教师的专业学习，要么仅对实习教师专业学习的某一方面（如教师知识或教师反思）做深入探索，仅有少量的研究在整体上探究实习教师的专业学习问题。因此，关于教育实习的研究文献中实习教师的专业学习主题并不明显，而是隐藏在教育实习模式创新和改革，以及教师学习的下位概念如反思、指导方式、实践参与、经验、实习教师的感受、实践性知识的研究中。这就要求文献述评最好能从教师专业学习的视角出发，阐明这些研究和实习教师专业学习研究的内在联系。鉴于此，从教育实习政策制定和改革、实习教师学习结果、实习教师学习外部条件、实习教师学习内部机制四个方面述评已有的研究，以期给本研究提供坚实的基础。

（1）教育实习政策制定与改革的研究

尽管早在 20 世纪初 Dewey（1904）在阐述教学理论和实践的关系之于教师教育的意涵时就从哲学的高度论述了教育实习在提供亲身教育体验和经历，生成教育理论的理解，培育教学实践能力方面的作用，但是教育学界对教育实习的系统探索直到 70 年代末才逐渐出现。那时的教育实习研究主要聚焦在教育实习条件和现状调查，教育实习政策制定，实习项目改革等方面。

这一时期的教育实习研究往往是根据某种理论对教育实习中存在的问题进行回应并提出相应的教育实习模式。比较有代表性的研究有以下几项。Salzillo 和 Fleet（1977）在批评教育教学实习经历往往对实习教师产生规训作用，以及很大程度上使实习教师放弃个人的努力和思想而采取固有的旧的教学方式的基础上，提出了通过鼓励学生参与式观察来认识实习场域中限制实习教师发展的因素，并推动实习教师自主探索教育实习的社会学模型。Zeichner（1981）在杜威的经验学习理论和反思性思维的基础上提出推动实习教师通过反思生成教育思想和从教能力的实习模式并详细论述了促进实习教师反思的策略和环境设计。十多年后，Zeichner（1992）进一步深化和发展了之前的教育实习理论和实践构想。在分析美国教师发展学校在教育实习组织中存在的概念障碍和结构障碍的基础上，Zeichner 提出了强调社会性反思、实践性知识建构以及关注学校的社会环境的影响的教育实习新模式。同时，他还在改进实习学校的选择、指导方式和关系等方面提出了具体的建议。Stoynoff（1999），Sanford 和 Hopper（2000），Nguyen（2009）以及 Tomas，Farrelly 和 Haslam（2008）则从提高实习教师、高校指导老师和学校合作教师之间的互动数量和质量出发，探讨了新的教育实习模式的设计和建构。

在外语教师实习研究领域，Richards 和 Crookes（1988）采用问卷调查的方式对某个具体教育实习项目的课程目标、内容和实践进行考察，发现教育实习项目实施背后的教育理念各异，教育实习内容和实践呈现多种方式，缺乏较为一致的模式，对教育实习实效了解不多，并提出教育实习应该是职前英语教师教育研究的核心问题之一。Freeman（1990）则论述了教育实习中教师教育者的指令性干预、选择性干预与非指令性干预在教师教育理念上的差异，并阐述了非指令干预在培养实习教师主体意识和反思力的作用。Pennington（1990）介绍了教学作为艺术、教学作为科学和教学作为专业三种教学观，以及它们之于教育实习的意涵。在此基础上，Pennington 论述了在教育实习中帮助实习教师树立教学作为专业的重要性并提出了具体的操作策略。在国内，从 20 世纪 90 年代到 21 世纪初的近 30 年中，关于实习政策与教育实习改革的探讨大量涌现。有些研究者如倪小玲（1990），姚成荣（1993），邹迟（1996），徐志伟（1999），高洪源、赵欣如（2000），王永红、汪朝阳（2000），丁炜（2012）在分析中国教育实习中存在的问题基础上提出相应的解决对策。另外一些研究者（陈冀平，2000；胡灵敏，2000；孟宪乐，2003；赵昌木，2003；李崇爱、王昌善，2005；陈静安，2004；王较过、朱贺，2007；王强、刘晓艳，2007；杨秀玉，2008；陈阳，2008；马健生、孙珂，2011）则从比较教育视角出发，对国外的教育实习模式如混合编队模式、专业发展学校模式、荷兰的现实主义模式、准教师诱导模式或研究型教育实习模式等进行引介并提出在国内实践的意义和具体策略。

从以上文献概述可以看出，早期的教育实习研究内容主要指向教育实习中的弊端和缺陷，提出改革和补救措施。这些研究往往以某种教育理论或模式为基础，探讨如何设计新的教育实习模式或指导方式，其目的是促进实习教师的专业学习和改进教育实习的效果。这些研究对现实中的教育实习实践改革和改进有着重要的作用。但是，这些研究大多采用思辨式的研究方法，主要是在对一些教育理论的演绎和解释基础上提出改变现实问题的一些主观设想或措施。此外，这些研究以培训师范生教学技能为视角切入教育实习研究，关注的焦点是教育实习场域中的督导方法、评价方式、管理策略、教育实践经验选择以及实习学校建设等问题，缺少对实习教师专业学习本身的直接关注。

（2）实习教师专业学习结果

教育实习研究文献中很大一部分考察了教育实习给师范生带来的知识、态度、信念、教学效能感、从教能力等的变化。这类研究实质上是从不同的角度探讨实习教师专业学习的结果或作用问题。

绝大多数研究发现教育实习整体上对实习教师的成长具有积极作用。Hascher，Cocard 和 Moser（2004）通过问卷调查研究发现，在教育实习后，实习教师在备课、上课及课后思考能力方面获得了较大的进步，对学生的态度也更为开放，最重要的是在实习期间实习教师的自信心和主观幸福感都获得较好的正向发展。Pence 和 Macgillivray（2008）考察一项在海外进行的教育实习项目，发现实习教师总体上获得的是积极的职业发展和个人成长，如自信心的增强、对反馈和反思在个人职业成长中重要性的认识以及对个体差异和文化差异的尊重。Baek 和 Ham（2009）通过在实习前和实习后对 29 位韩国实习教师的测评发现，实习教师在教学实践能力、对教师职业的认同和性格成熟度方面都有极大的提高。Gurvitch 和 Metzler（2009）在研究中通过使用效能感量表调查发现，教育实习对提升教师的教学效能感有着极大的作用。Goh，et al.，（2009）通过调查新加坡某实习项目中的实习老师、指导老师和合作老师，发现上述三方都认为教育实习提高了实习教师对教学知识和技能的信心。Malmberg 和 Hagger（2009）通过采用问卷调查、课堂观察和考察职前教师的日志等研究手段，发现参与中学的教育教学增强了职前教师关于提供支持和教学的主体性信念，并推动了职前教师参与实际教学活动能力的提升。Ng，Nicholas 和 Williams（2010）跟踪调查 37 名实习教师的教学信念的变化过程，调查结果显示实习教师对有效教学的理解经历了最初强调专家知能到强调教师魅力和师生和谐关系的演进过程。Ozkan（2011）在分析和对比实习教师实习初期和实习后期对语言教学的理解和关注后发现实习教师在实习过程中的语言教学概念和关注发生显著性变化，由之前关注教学活动的多样化到强调和关注教学的自然衔接和流畅。Aydin，Demirdogen 和 Tarkin（2012）通过使用效能感量表调查 26 名实习生和访谈 6 名实习教师相结合的方法考察他们在教育实习前后的教学效能感的变化。研究发现，实习教师教学效能感在实习中有细微的变化，但是教学效能感的子项目发展并不均衡，尤其是课堂管理方面的效能感不强。

　　国内学者朱晓民、张虎玲（2010）在实习前和实习后使用教育学知识测试以及访谈的方法考察了教育实习对实习教师教育学知识的影响。研究显示，实习教师实习后教育学测试成绩高于实习前的成绩，并存在显著差异性；通过进一步分析数据发现，实习前后记忆型教育学知识明显下降，而理解型教育学知识明显提高，而且存在显著性差异，作者认为这充分说明教育实习能够增进师范生对教育教学的认识和理解。蹇世琼等（2012）采用问卷和半开放式访谈相结合的方法调查了实习教师教学能力发展状况。研究结果表明经过教育实习后，实习教师教学能力有显著的提高。但是，教学能力的各个维度发展程度不一致，表现为教学认知能力发展远超教学反思能力和教学实施能力的发展。

但是也有少数研究发现教育实习无法达成其最重要的目标，甚至有些研究对教育实习的消极作用进行批判。Kagan（1992）在综合多项个案研究的基础上发现，教育实习的效果与其发展教师认同、获取情境知识、发展反思能力和获取自动化的教育管理技能等初衷相去甚远。实习教师在实习中并没有获得机会检视自己已有的教学信念，重构教师认同和教学情境的机会，收获的仅仅是一些程式化的教学知识和规则。Shkedi 和 Laron（2004）考察职前教师在两年实习中的变化发现实习教师的教学信念经历着从理想主义到现实主义的转变，而且研究者认为理想化的教学信念并不是一种不成熟或未发展的初始状态，而是对教学抱有使命感和憧憬的表现，因此教育实习给实习教师带来的不是进步而是一种倒退，是实习教师对现实的妥协和对习惯势力的让步。这种发现与 Hoy 和 Rees（1977）和著名学者 Zeichner（1981）的论述十分一致。

从上述文献来看，大部分的研究肯定了教育实习对实习教师的从教能力、教育教学知识、自信心和教学效能感的发展起推动作用，但是少数研究却认为教育实习很难推动实习教师反思力和批判思维能力的提升。表面上来看，这些研究结果存在着冲突，但深入分析可以发现，这两种结果是不矛盾的，因为对现实的妥协，反思力和批判思维能力反映的是深层次思维和权力问题，而大多数研究考察的是实习教师的实践教学能力、知识、自信心和教学效能感等和实践层次联系更紧密的问题。

虽然以上这些研究用翔实的数据揭示了实习教师学习的产品和结果，证实了教育实习在发展教师知识、能力、信念方面的作用，但是，这些研究所采取的研究方法主要是实习前和实习后的测量和访谈，揭示的是师范生在教育实习参与前和学习后的变化，类似一种终结性评价，呈现的是一种终结状态的结果。因此将来的研究应该着重呈现和解释实习教师学习过程中经历的阶段性变化和动态变化轨迹。

（3）实习教师专业学习外部条件

实习教师专业学习研究中的另一大主题是外部条件——合作教师所提供的指导以及同侪之间的互动——之于专业学习的作用。这类研究主要探讨指导和互动的类型之于专业学习的不同影响以及实习教师对它们的接受和认可度。

Hallt 和 Davis（1995）通过半结构访谈、小组讨论以及日记等方式，考察了为期十周的西班牙语教育实习中实习教师与合作教师之间的关系。该研究发现合作教师和实习教师之间存在六种角色关系：直接指导与接受关系、专家与学习者关系、促进者与被促进者关系、中介者与自主学习者关系、激励者与被激励者关系以及朋友关系。研究还进一步发现双向合作发展关系下的实习教师比单向帮助关系下的实习教师认为实习经历更有教育意义和价值，对合作教师所提供的指导和帮助评价更高。Phelan，McEwan 和 Pateman（1996）考察了在课程改革的大背景下，实习教师和合作教师双向合作共同发展对实习教师专业发展和课程改革的积极作用，同时该研究用两个案例探讨了建立双向合作共同发展关系的具体策略，存在的困难和应对策略。

Soykurt（2010）采用观察、录像以及半结构访谈方法考察了教育实习中合作教师的疏导式指导（强调关注实习教师的情感并致力于提高实习教师自信和自尊，降低焦虑和不适感）对实习教师学习的作用。研究发现，实习教师对疏导式指导认同度较高，认为疏导式指导促进了他们对自我的认识和了解，使他们认识到教学的复杂性。Ehrich 和 Millwater（2011）借用微观政治学的理论框架对实习教师的大量反思记录进行分析后，发现实习教师和合作教师的关系出现五大重要主题：合作和专业关系、相互信任、相互尊重和认同、指导和自主之间的平衡以及专业引领。但是，研究者也承认实习教师对教育实习中关系的积极评价也许受到研究者的双重身份的影响——既是指导老师又是研究者。Goker（2006）进行的一项实验研究发现，与传统的教育实习指导方式相比实习教师之间的同伴辅导在促进实习教师的自我效能感提升和教学技能的发展方面具有更大的优势。同时研究也发现在同伴之间，实习教师能更直接地提出自己对教学的困惑和表达自己对教学的观念。

Ong，Ondo 和 Borg（2011）考察了合作教师和指导教师提供指导的过程和作用，对数据进行分析后发现教师教育者所提供的指导简短并缺乏一致性，实习教师所获的反馈也呈现评价式、指令式和粗放型的特征。这种指导方式也部分导致了实习教师采取取悦指导教师和合作教师的应对策略，很大程度上限制了实习教师教学决策和推理能力的发展。

总之，有关实习教师专业学习条件的研究从不同的理论视角描述了实习教师与合作教师或指导教师之间的指导关系；有的研究对不同的指导关系或方式进行了有益的分类，并对不同类别的指导关系或方式对实习教师学习的影响进行讨论。这些研究增进了学界对教师专业学习外部条件的认识和理解。

（4）实习教师专业学习过程和内在机制

实习教师的学习过程和内在机制是教师专业学习研究的核心问题。国内外的大多数学者从不同侧面考察了实习教师在学习中的内在心理过程和机制。这些研究主要从教师如何看待和使用经验，如何反思，如何建构实践性知识，如何生成教师专业认同等角度探查教师专业学习的要旨。仅有为数不多的文献试图从整体上探索实习教师专业学习或发展过程和内在机制。

不少文献考察了反思之于实习教师专业学习的意义。Jensen，Foster 和 Eddy（1997）通过分析实习教师所写的实习经历考察实习教师的反思状况与学习方式之间的关系。研究发现实习教师的反思呈现由以传授知识为焦点到以师生关系为焦点，由接受指导教师的指导为焦点到同伴间的讨论为焦点。实习教师的学习方式也由接受式学习到建构式学习的演进。Conway（2001）利用时间分布式反思模式考察了期望型反思在实习教师学习中的作用，研究发现实习教师所经历的现实和期望的冲突是引发教师专业学习的重要因素，在这种学习机会中，实习教师倚重文化性的宏大理论来重新审视和评估自己的期望。吴格奇（2007）通过分析香港大学教育学院实习教师的书面实习反思、课堂观察记录和课后与指导教师的交流记录考察反思之于实习教师发展的意义。研究发现，实习教师反思一方面关注学习者和学习；另一方面关注实习教师与学生的关系问题。Chitpin 等（2008）考察了实习教师使用客观知识框架辅助教学反思的过程及其对于实习教师专业学习的作用。研究发现，客观知识框架辅助下的教学反思往往是对教学问题浅显的技术性思考，其目的是使实习课堂顺利运转，缺乏对深层次的教学信念的思考。吴兆旺（2011）采取质的研究方法考察实习教师教学反思特点。研究发现，实习教师的教学反思呈现以下特点：反思内容主要以教学和学生为对象，反思时机以教学后反思为主，反思层次以技术性反思为主，实践反思次之，批判性反思缺乏。研究还发现影响实习教师的教学反思主要是实习教师的个人特质和学生对教学的反应。

不少研究考察了教育教学实践经验在实习教师专业学习中的作用机制。Burant 和 Kirby（2002）应用观察、访谈、焦点团体、反思性写作等方式收集了实习教师的实地经历和经验，在分析这些经验与教师学习的关系之后发现这些经验对教师学习既有正面作用也有负面作用。然而遗憾的是，研究者并没有详细探究这些经验如何作用于实习教师的专业学习。

Hodge，Tannehill 和 Kluge（2003）采用现象学取向的质性研究方法探究了教育实习经历和经验之于体育实习教师的意义。通过对 10 位实习教师的自我反思日志的分析，研究者发现实习教师的反思主要涉及以下 11 个主题：态度和社会化、教学因素、组织和管理、内容和活动、学生类型和特点、青少年行为、融入和支持、挑战和回报、学习经历、交际以及环境和项目因素。研究还进一步发现实习教师的反思呈现和情境紧密联系的微观反思特征，这些反思推动了实习教师锁定实践教学中的重要事件，定向实践教学中的问题，并批判性地思考问题解决办法和优化实践。

也有不少研究者重视研究探究性实践在教师专业学习中所起的重要作用。Schulz 和 Mandzuk（2005）追踪了 17 位实习教师专业学习中探究因素的性质和作用。该研究发现，探究活动有利于改善实习教师课堂教学实践，推动实习教师专业发展以及推动整个教育环境朝着学习共同体方向的转变。Mule（2006）考察了美国教师发展学校环境中的实习教师对其所参与的探究项目的看法以及探究活动参与对其专业发展的作用。该研究发现，实习教师认为参与探究活动尽管富有挑战，但能提升他们的教师职业意识，引发他们对教学思想和行为关注。研究者在进一步分析后发现，探究给实习教师专业学习提供一个探索空间，能促进实习教师与其他专业人员的合作，并带来专业发展和问题解决的乐趣和幸福；同时实习教师认为探究活动往往缺乏结构，在实习初期可能因为面对过大的挑战而感到沮丧和困惑。

教师如何获得实践性知识以及实践性知识和其他知识的相互作用机制探索，在实习教师专业学习文献中占有很大的分量。在教师专业学习研究中 Da Silva（2005）通过分析课堂观察记录、实习教师的备课记录和自我评价记录，发现实习教师对教授语言四项基本技能的认识变化，源于其在实习期间以及学生时代所获得的体验性知识和理论知识之间的相互作用。研究还进一步发现实习教师对体验性知识和理论知识的认知是实习教师认识和解释教学的两大基础，引发着实习教师对教学观念和认知之间冲突的检视，对教师的理论性知识起着过滤的作用，是教师实践性知识的源泉。Buitink（2009）采用质性研究方法从实践性理论视角描述了实习教师的专业学习结果和过程。研究发现，实习教师在专业学习中发展了涉及教学各层面，呈网状结构表征的实践性理论。研究同时发现实践性理论的生成受到实习教师的专业学习目标和态度以及专业学习环境的影响。实习教师专业学习呈现学习者被接纳为教师、获得课堂控制、发展合理的教师专业预期以及融入教师专业四个阶段性特征，而实习教师的实践性理论正是在这四个阶段中逐渐发展起来。Leko 和 Brownell（2011）试图用行动理论的框架来解释实习教师的专业学习。研究者采用扎根理论方法考察实习特殊教育教师内化阅读教学概念工具的过程和机制。通过分析观察、访谈数据以及固化的人工制品，研究者发现，实习教师个人素质、同化知识的动机、接触知识的机会和内化实践中知识的机会四要素影响着实习教师内化教学概念。研究者还进一步论述了大学课程、实习经历以及实习教师个人经历和个体差异和这些要素之间的联系，并以此为基础生成了实习教师教学工具概念内化框架模型。

　　近年来，国内学者对实习教师实践性知识发展的研究也逐渐增多。林一钢（2009）采取个案研究的方法探讨了国内实习教师的知识发展情况。研究发现实习教师在实习前对"好的教学"的认识比较单薄和模糊，缺乏扎实的学科知识，大学里的职前教师教育课程对实习前的知识积累影响较小。教师在实习过程中的知识变化影响因素主要有学校情境、指导、合作教师、实习同伴、所教学生和自我的认识。实践性知识是实习教师在面对实践问题时，在采取不同的应对策略来解决问题的过程中获得发展。宋改敏、李景元（2010）针对某小学的实习教师在课堂管理实践性知识的发展过程进行探究。研究发现，实习教师的实践性知识发展有赖于实习学校教师的专业引领，离不开实习教师行动中的反思，发生真实情境下的教育教学实践中。曲霞、周盼盼（2012）运用质性研究方法试图勾勒并解释一位实习教师的"树立权威"的实践性知识的生成过程。研究发现实习教师的实践性知识是在其已有的理论性知识基础上，通过对遭遇的实践情境和自我特质的反思，并不断进行调适而形成的。在实践性知识生成过程中，理论性知识作为一种原初的信念，发挥着导向作用；实习教师以实践性反思作为途径促进理论性知识内化为信念，并达到理论与实践之间的平衡，促成理论性知识向实践性知识的转化。

另一部分学者试图从宏观整体上把握教师专业学习的过程和性质。Crookes（2003）在其著作中应用反思分析方法讨论了 TESOL 教育实习中的教师学习和发展问题。作者详尽考察了实习教师专业学习的基本目标、途径和基本要素，从认知和社会角度论述实习教师学习教学的性质和方式。尽管这些论述增进了人们对实习教师学习概念和组织方式的理解，这些论述本质上是作者基于前人研究的推理和主观判断，仅能够对教育实习的开展提供策略上的指导，不能深入实习教师专业学习的实然状况。

Tang（2003）采用多例个案研究方法考察 7 位实习教师在教育实习的行动环境、专业社群环境和视导环境下的专业学习经历。该研究发现实习教师在教育实习中的专业学习发生于教育教学实践探索之中，而实习教师在探索过程中所获得的支持力度决定了专业学习的四种状态——停滞、确认、回避和成长；只有较高支持力度下的探索才能推动实习教师持续的专业自我建构和重构并达成发展。类似的研究发现也出现在蔡碧莲、邓怡勋（2004）的研究中。Bullough，Young 和 Draper（2004）采用邮寄问卷调查方法考察了有偿教育实习项目中实习教师专业发展的性质、方向和复杂性。研究发现，在实习教师专业学习过程中实习教师的主要关注点、问题解决途径、和学生的关系、情感状态、专业投入、责任感以及对教学复杂性的认识等因素决定着专业自我的形成和建构。

郭新婕、王蔷（2009）通过追踪一名本科师范生的教育实习全过程，试图探索实习教师专业发展过程及其影响因素。研究发现实习教师专业发展呈现动态性，其中交织着实习教师对教学认识的发展，对学生了解的深入，教师自我认同的建构过程。实习教师在应对挑战和解决问题中不断发展着从教能力、教师知识和教学反思力。Mosley 和 Zoch（2012）采用话语分析方法分析在夜校实习教师的教学发展过程。研究发现实习教师建构各自教学的方式各有特点，但是都受到原有知识储备、兴趣、学习方式的影响。实习教师通过反思其教学实践沉淀其教师专业自我。Rozelle 和 Wilson（2012）采用民族志的方法描绘和解释实习教师在教育实习中的教学观念和教学实践变化。研究发现合作教师的教学行为和观念是对实习教师的教学观念和教学实践变化、发展的主要影响因素。实习教师在实践教学中倾向于模仿合作教师的行为，借用合作教师的概念、教学策略并尽量与合作教师的信念保持一致。

综观以上文献，不难发现很多研究考察了反思和探索在教师专业学习过程中的展开过程、工作机制和重要作用。另外一些研究讨论了实习教师建构实践性知识、学科教学知识、教学观念或者教学自我的过程。这些研究深化了人们对于实习教师学习教学过程的理解。但是，截至目前，对实习教师专业学习过程中各个环节进行全面探索的研究却不多见，而对专业学习各个环节和因素之间的联系或相互制约关系的探讨则更少。

从上述四方面的研究中不难看出，在过去的 20 多年中，实习教师专业学习研究在教师专业发展研究中孕育并逐渐壮大。这些研究增进了学界对教育实习现实开展状况、实习教师学习环境和面临的挑战以及学习机会的认识，增进了学界对教育实习的过程和性质的认识了解。这些研究呈现一些特点：①大多数的实习教师专业学习研究仍然内隐于教师认知、教师知识、教师发展等研究主题当中，实习教师专业学习研究还没有形成一个完全独立的研究领域。②很多实习教师专业学习研究从教师教育者或者实习项目组织者的视角出发，从实习教师作为主动学习者的视角出发的研究不多。

③国外实习教师专业学习研究的重点逐渐由聚焦教育实习政策和改革转向关注实习教师专业学习的过程和机制，但是国内实习教师专业学习研究仍然以教育实习的功能、管理、教育实习环境和条件创设为主要探究对象。

第 三 章

研究设计

本章将从研究问题、研究分析框架、研究方法方面呈现本研究的设计。本章将首先阐述本研究致力于探索的三个研究问题。其次，在论述情境学习理论和体验学习理论的基础上，澄清本研究的重要概念并提出研究的分析框架。最后，对采用的研究方法做具体的阐述。

3.1 研究问题

教育实习是职前教师教育中的关键环节，能够为职前教师提供接触真实教育情境的机会和教育教学实践经验，是实习教师期望与现实，教学理论与教学实践，教师自我与学生自我相互碰撞的空间。因此，与其他职前教师教育课程相比，教育实习场域中的专业学习更加复杂。然而，现有的教育实习研究文献中充斥着海量的教育实习改革设想和教育实习模式探讨。这些研究从教师培训者的视角出发，探讨如何为实习教师选择有意义的实习经验，如何推动实习教师的反思，缺少对实习教师主体性的关照。另外有部分研究从教师认知的视角探查了反思、探究、活动参与、督导和指导，以及环境之于实习教师专业发展或知识建构的意义。这些研究让学界对实习教师的专业发展的特点和过程有了深入的了解，但是这些了解往往是散点式的，缺乏对教师专业学习整体性的把握。

基于此，本研究将秉持实习教师作为专业学习主体的理念，考察实习教师在教育教学实践参与中主动建构教学意义的过程。同时，更重要的是本研究将把实习教师的专业学习视为一个复杂的系统，致力于考察在自然情境下实习教师学习的发生机制。和上述大多数研究不同的是，本研究关于实习教师专业学习的发生机制的考察力求避免从专业学习的某个因素出发，仅描述某个因素之于专业学习的作用和影响的研究模式，而是尝试把教师专业学习视为一个有机整体，考察专业学习这一动态系统中各种因素之间的关系，以及这些关系如何引发专业学习的发生。

在实习教师专业学习系统中，实习教师参与了什么教育教学活动，这些教育教学活动哪些部分以及如何成为实习教师的反思对象，是什么因素诱发了实习教师对那些经验进行反思，教师在反思中是如何应用概念工具的？这些因素间的互动空间正是实习教师专业学习生发的空间，也构成了本研究的探索空间。

基于以上论述，本研究的研究主题可以概括为教育实习情境下的实习教师专业学习过程和机制探究。具体可以分解为以下研究问题：

①实习英语教师在教育实习中的专业学习过程是怎样的？

②实习英语教师在教育实习中学到了什么？

③影响实习英语教师专业学习的因素有哪些？

3.2　本研究的分析框架

在人文学科中，不同的理论视角和分析框架往往对同一研究主题和相似的研究问题有着不同的理解和阐释，因此本节将基于第二章的文献以及研究者对研究主题的关注焦点阐述研究者的基本理论视角，界定核心概念并生成研究分析框架。

3.2.1 基于的视角：情境学习与体验学习

专业学习渗入实习教师教育教学活动的方方面面，散布在实习教师的活动轨迹中。如何从这些纷杂的现象中捕捉实习教师专业学习中的关键信息，更好地深描实习教师的专业学习状况，研究者必须选择合适的切入点。情境学习理论和体验学习理论恰好为理解实习教师专业学习提供了相应的宏观和微观观察视角。

（1）情境学习理论

情境学习理论是在学习的社会文化理论基础上，综合感知生态心理学、批判理论，对学习概念和意蕴的进一步探索（Lave & Wenger，1991；Greeno，1998；王文静，2005）。基于学习的社会文化理论的活动、中介和内化三大概念，情境学习理论论述了认知的分布式特性、认知的社会性以及认知发展的情境性。

情境学习理论进一步发展了社会建构的认知观，认知不再是由某人或者某个机构所拥有的实体，而是分布于个人、他人、工具以及人造制品之间。认知总是处于某个具体的社会环境和客观环境之中，受到环境中多种因素制约。认知的发展是社会对话和社会参与过程中完成的。因此，学习不再是学习者头脑中基于反思概念的生成过程，而是在具体的社会及物质环境下，由学习者、他人及社会文化工具和制品共同参与的活动系统的成果（Greeno，et al.，1996；Fenwick，2000）。知识不再是可供学习者事先摄入然后可迁移到新的情境的实体，相反，知识被视为嵌套在即时情境中，是活动参与的一部分。学习的目的不再仅仅是知识的获取和生成，而是更好地参与实践活动（Greeno，1998）。

不难看出，情境学习理论继承了学习的社会文化理论重要思想，强调社会和物质环境对学习的影响，强调学习的参与性特征，强调对话以及社会互动之于学习的核心意义，强调学习中他人以及工具的重要作用。同时，情境学习理论又丰富和发展了维果茨基的社会文化理论。情境学习理论把对实践的关注放在首位，突出学习是实践，学习是参与，学习是适应文化。另外，情境学习理论更加突出知识的情境性，动态建构性、复杂性、默会性等特征。同时，情境学习理论关注学习的集体维度，认为学习不仅是个体知识和主观认识的建构，也是共同体中身份、意义和共同体本身的生成过程。

从其研究文献和发展轨迹来看，情境学习理论存在着多元视角和多学科取向，这些不同的学科取向有着不同的研究旨趣、焦点和侧重。目前，影响力较大的有以 Lave 和 Wenger（1991）的合法边缘性参与模式为代表的人类学视角和以实习场模式为代表的教育心理学视角。

教育心理学视角的情境学习理论主要关注在校生的学习过程和性质，其主要观点是情境是学生认知发展和学习发生的背景和必要条件。因此，这些研究主要集中在如何创设条件性的情境。Barab 和 Duffy（2012）借用"实习场"（practice field）来隐喻学习发生的条件性情境。实习场隐喻表达了逼真情境中的学习者相互介入，共同解决问题，各种人工制品与概念作为支架的使用过程、协商等要素之于学习的重要意义。通过设计实习场，学校为学习者创设的逼真的模拟现实世界活动的情境，覆盖学习者在真实世界中可能遭遇的问题和需求，其目的是帮助学习者获得接近于真实生活中的实践行为和经验，从而达成培育解决问题的能力和批判性思维的学习目标，避免了传统学习方式下生成惰性知识的弊病。

人类学视域下的情境学习理论从社会实践和社会关系的角度提供了分析学习的新框架。其主要关注的是普通人和职业人员在日常社会生活中通过参与实践的学习过程，因此其研究对象是校外情境下的实践参与式学习。人类学视域下的情境学习理论超越学校教育的束缚，试图建立视域更加广泛的学习生态系统（王文静，2005）。在这个学习的生态系统中，个人和环境两大要素相互依存并相互建构。个人和环境的互动为意义和身份的生成提供可能。

Lave 和 Wenger（1991）借用"合法的边缘性参与"隐喻来描绘学习者在实践参与中与情境互动和相互建构的历程。在真实的情境中，学习者首先需要投入时间和精力来获得对实践资源的掌握，其次才能以新手的身份以多种形式或多或少地参与实践活动。这种合法的边缘性的参与处于参与和固化的张力之中，是学习的实质，它为学习者提供了学习的机会，为学习者由新手向熟手过渡提供了空间，是学习者走向完全参与的途径。

人类学取向的情境学习理论以社会实践，合法的边缘性参与，实践共同体中的协商与合作作为学习的核心因素，重视学习者和情境的相依性，强调实践参与背后的社会结构和关系的作用，突出实践参与和身份建构之间的联系。学习不仅意味着意义生成，而且蕴含着共建文化传统，形成归属感和生成身份的过程。

综合以上关于情境学习理论两大研究取向的论述可以发现尽管二者都强调情境、实践参与、协商合作的重要作用，但是由于研究出发点迥异，它们在学习的构成要素、分析单位、学习研究的关注重点方面呈现出根本性的差异。教育心理学取向的情境学习理论把情境和学习者分离开来进行考察，主要探究如何利用情境来促进学习者个体心理认知的发展；而社会人类学取向的情境学习理论把学习者和情境视为一个生态系统，考察个体和群体、个体和情境间的相互影响和共建。笔者认为，二者间的差异并不意味着孰优孰劣，而是意味着各自不同的适用边界。教育心理学取向的情境学习理论更加适合解释学校课堂教学情境下的学习；而社会人类学取向的理论更加适合解释自然情境下的成人学习。

从情境学习理论出发，教师专业学习是教师在具体的教育教学情境下，在教育教学实践中逐渐由边缘参与到完全参与的过程。在实践的参与中，教师与教育教学情境相互建构，与其他教育教学参与者进行意义协商并逐渐由新手向熟手和专家身份过渡。不难看出，情境学习理论能为描述实习教师专业学习中如何获得合法边缘参与以及身份建构等宏观过程提供良好的视角和工具。

（2）体验学习理论

20 世纪 70 年代，教育学界涌起一股批判"工具理性"和关注"实践理性"的人文主义教育思潮。在此思潮的影响下，学习者在实践中的主体经验逐渐受到关注，体验学习思潮开始兴起。

体验学习理论在充分吸收了杜威关于经验学习的重要思想基础上，同时又综合皮亚杰的学习认知观、罗杰斯的人文主义学习观以及勒温的社会心理学的重要成果（Segers & Haar，2011），论述了学习的经验性本质，并详尽地讨论了学习者如何基于经验而学习和发展的过程。

作为体验学习理论的主要代表人物，D. Kolb 和 D. Boud 分别从基本理念和学习过程两方面阐述了其学习观。Kolb（1984）以及 Kolb 和 Kolb（2005）认为学习更应该被理解为一种过程，而不仅仅是一种结果。并且，此过程是学习者基于自身的信念和观念，通过审视、检验以及融合新旧知识而重新学习的过程；是从情感、认知、感觉和行为等维度全方位适应外部世界的过程；是个人知识和社会知识创生的过程。学习的关键在于解决具体体验和抽象概括这两种辩证对立的适应外部世界的方式之间的冲突和矛盾，在于个人和环境之间的协商和建构。

Kolb（1984）认为，体验学习包含具体体验、反思性观察、抽象概括和行动实验四个阶段，并且由这四个阶段构成一个体验学习环（见图1）。同时，Kolb（1984）指出体验学习环并不遵循固定的运行路线，而是一个可以由其中任何一点进入的开放系统。此外，体验学习环也并不意味着任何学习都经由这四个阶段，不同的学习者也许会有不同的学习偏好，可能仅应用其中的一种或几种学习方式。

综合 Kolb 关于体验学习的论述不难看出，体验学习要求学习者的体验、反思、思维和行动的积极参与，反映了学习者在具体学习环境中对经验和体验的处理的微观过程。其理论中尤其值得注意的两方面是，学习者使用具体的经验和体验来检验思想的合理性；使用行动的反馈来改变和改造实践和行为（Kolb，1984：21-22）。

图1　体验学习环（Kolb，1984）

尽管 Kolb 把反思性观察视为体验学习中的重要因素，但其理论中因为对反思的关注不足而受到众多质疑。Boud 和 Walker（1990）则重点强调了反思在学习者从经验或体验和学习过程中的关键性作用。他们认为，经验或体验是学习者与社会、心理以及物质环境的交互关系。反思则是学习者对这种交互关系的审视和理解。而反思则以学习者个人的原有知识、信念以及意向为基础，它们为学习者的反思行为提供焦点和定向。同时，注意和干预是学习者反思其体验和经验的前提，也就是说注意能启动学习者的反思过程并为捕捉反思对象提供进一步证据，而干预则引导学习者重新审视其行为和其影响（Boud & Walker，1990）。

综合 Kolb 和 Boud 等学者的论述不难看出，体验学习主要聚焦于学习者在具体的学习情境下，在学习者的意图和原有知识基础上，通过体验、观察、反思和实验等行为创生新知识的过程。体验学习理论尤其适合解释成年人在职业场合的专业学习的微观过程

（Segers & Haar，2011），因此体验学习理论为实习教师如何在教育实习场域中体验教育教学，如何从教育体验和经验中生成新的教学知识和观念提供了恰当的观察工具和视角。

3.2.2 核心概念和分析框架

（1）几个重要概念

基于本研究拟解决的主要问题和基本的理论视角，下文将对本研究中的几个重要概念做如下界定。

a. 参与

在情境学习理论的"参与"隐喻中，参与是包含行为、思维以及情感认同的复杂过程（王红艳，2012）。参与是社会成员在生活世界中积极地投入、行动和体验（Wenger，1998）。对于实习教师来说，参与就是在学校情境下如何开展教学、如何反思教学行为、如何与指导教师和学生交流的过程。

b. 物化

实践的参与过程往往也伴随着物化的过程。物化的过程主要包括命名、制作、设计、描述、感知等一系列行为（Wenger，1998），其实质是把实践的参与转变为某种人工制品（包含实物和概念工具）的过程。实习教师在实践参与中既把自己的原有观念和理解投射其中，同时又通过教案、惯例、规则等物化自己的实践参与。

c. 经验（体验）

体验学习理论继承了杜威关于经验的联系性和交互性特征的思想，并进一步凸显了经验之于学习的重要意义。体验学习理论认为，经验不仅是人们经历其实践活动的过程，还是人们对其经历以及经历间联系的评判和思考（Boud & Walker，1990）。对于实习教师来说，经验就是他们在教育教学中经历教学的过程、思考和评价经历中的意义和联系。

d. 反思

反思是体验学习理论中的核心概念之一。反思既包括行动中的反思也包括行动后的反思，它是指实践者对其行为的回观、关注和评估。在教育实习中，实习教师的反思主要是对自己的教育教学过程的检视，对其效果的评估及其在实践中的情感关注。

（2）分析框架

为了更好地在研究中应用情境学习理论以及体验学习理论，给本研究的资料收集、分析和呈现提供框架和视角，本节在融合情境学习理论和体验学习理论的基础上，结合主要研究问题，构建了初步的分析框架。值得指出的是，该框架是一个开放系统，仅为研究提供一个初步看问题的视角，其中各要素之间的复杂关系正是本研究的探索空间。

本框架的上半部分描述的是实习教师专业学习的宏观实践参与层次。情境学习理论认为，实习教师的专业学习发生于他们在实习学校的教育教学参与中。如图2所示，实习教师的合法边缘性参与发生于教育教学参与和物化的张力之中。在合法的边缘性参与中，实习教师通过边缘性的参与和物化逐渐获得其参与的合法性，而参与的合法性的提高又为实习教师的参与提供了更好的条件和基础。实习教师的合法边缘性参与，参与和物化之间的共构蕴含着丰富的实习教师专业学习的信息——实习教师如何与学生、指导老师、实习学校的其他工作人员之间的社会性互动，如何发展专业认同以及教学专长。因此，对实习教师的合法边缘性参与的探索能够为了解实习教师专业学习的社会情境性提供更多的信息。

本框架的下半部分描绘的是实习教师在微观层次的体验式学习。它为探索实习教师如何从经验中学习提供了视角。根据体验学习理论，实习教师的原有知识和意图、注意和干预是影响实习教师对实践体验的重要因素。实习教师的实践体验又在回观、情感关注和重新评估等反思过程中生成新的教育教学观念、理解和能力。

　　虽然，微观的心理过程和行为过程嵌套在实习教师实践参与的宏观过程中，但是这种嵌套是如何发生的，它们之间的关系是什么却是一个有待探索的问题。因此，在本框架中，宏观层次的合法边缘性参与微观层次的从经验中学习之间的关系由含有问号的箭头连接。（如图 2 所示）

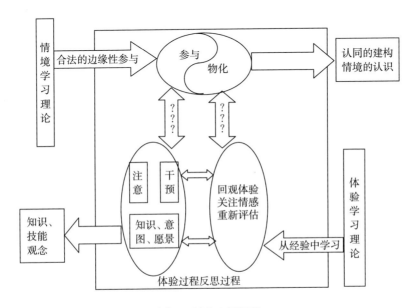

图2　研究分析框架

3.3　研究方法

3.3.1　质的研究取向

　　研究方法并不是孤立存在的，而是用来解决问题的工具（陈向明，2007）。研究方法的确定应该是在对研究问题的性质深入挖掘之后才选定的。方法应该是为研究者的研究服务，帮助研究者进一步认识研究问题，指导研究者解决问题，而不是用来束缚研究者的手脚和限制研究者的想象力。本研究主要关注的问题是职前教师在实习情境下的专业学习机制，重点要探究的是职前教师的实习教学生活经验或体验之于专业学习的意义，这些问题主要关涉人的主体意识指导下的行动以及对这些行动的理解和阐释，因而本研究特别适合采用以探究复杂的社会背景中人的主题意识的理解和阐释见长的质的研究取向。

质的研究有呈现超学科性和跨学科性的特点，受到多种哲学、多种社会思潮和理论、多种研究传统和方法的影响（陈向明，2000；Creswell，2007）。根据陈向明（2000）对质的研究、阐释和定义，质的研究具有以下的基本特征，强调自然情境，整体性探究，追求与研究参与者的视域融合（获得研究参与者的意义建构的解释性理解）和在应用归纳法分析研究资料的基础上形成理论。基于以上特点和基本特征，质的研究也可以被视为一种研究的取向，强调的是研究更为宏观的思想路向和基本原则。

质的研究取向的哲学基础之一是建构主义立场，承认客观事实的人为建构性，因而重视人与社会的互动性，强调研究者通过对研究参与者对社会参与的体验以及解释的再诠释来理解社会现象的复杂性。实习教师专业学习正是发生于实习教师和社会环境的互动中，研究实习教师专业学习必然要探索实习教师的实习教学生活经验（体验）以及他们对这些经验（体验）的理解。因此，质的研究的建构主义传统能为实习教师专业学习研究提供更优的研究切入点。

质的研究强调对社会现象和过程进行整体性探索的特点，能够解决实习教师专业学习研究存在的碎片化问题。实习教师专业学习文献回顾发现，实习教师专业学习研究往往把教师专业学习中的某项要素，如反思或视导关系从专业学习概念中孤立出来，仅探索该因素的特征和作用，对专业学习的整体机制和要素间的相互制约和生成关系置之不顾。因此，已有的大部分实习教师研究仅在浅层次描绘实习教师的某些特征，提出教育实习设计方案或者一些实习教师该如何学习的建议。而把实习教师专业学习视为有机的整体则有利于深入实习教师教育教学实践参与现象背后的实质，了解实习教师如何在教育实习环境中参与教育教学实践，如何在这些实践中行动和思考，以及这些实践如何转化为专业学习的契机。

实习教师专业学习的情境性和偶发性特征也要求研究在自然的情境下进行，而质的研究取向能极好地满足这种要求。实习教师的专业学习嵌套于中小学校的教育教学情境中，专业学习是伴随着教育教学活动而发生，具有一定的不可预测性和偶然性。只有在自然情境下，通过较长时间的跟踪观察才能捕捉实习教师专业学习的内在特征。

3.3.2　个案研究方法

在确定研究的宏观取向后，研究者面前的任务就是选择合适的具体研究方法。在具体的研究方法层面，研究者必须基于研究的现实条件和研究问题的特征以及所需要的资料和数据做出决策。

个案研究是通过多种数据收集方法对复杂情境中的现象做个案探究的研究策略。因此，个案研究并不是一种方法论（研究取向），而是一种对分析单位的选择（Tsui，2003）。个案研究对作为研究对象的个案选择，其主要旨趣在于分析单位的确定上。因此在应对真实生活情境下，社会现象的探究中存在的所要研究的社会现象和社会背景之间的边界模糊问题，个案研究具有特殊的优势。

在探究复杂的社会现象时，个案研究最大可能地保留真实生活的整体性和意义性特征，有利于对社会现象进行长期的深入描写，因而比较适合应用于对社会现象的过程、事物的发展变化以及关系类问题的探索（Yin，2009）。

除此之外，个案研究还具有帮助研究者近距离接触研究对象，使在自然情境下深入追踪研究对象的活动和体验成为可能，有利于捕捉难于为外界所了解的个案的内部活动的优势。

本研究采用个案研究的方法主要是基于以下三方面原因。

（1）实习教师专业学习与教育实习情境密不可分，实习教师专业学习这一复杂现象的核心问题是实习教师与教育实习情境下诸多要素的相互介入和互动。个案研究通过选取合理的分析单位能够在自然情境下完整地考察研究参与者与研究背景的相互关系，避免化约主义的倾向（Tsui，2003；Yin，2009）。

（2）本研究关注的焦点是实习教师专业学习的过程和机制，旨在探索实习教师专业学习过程中各个因素的相互形塑和制约关系。个案研究通过较长期的聚焦式跟踪，在考察过程性问题时有着独特的优势（Merrian，1998）。

（3）本研究需要深入实习教师个人的内在心理认知活动以及他们对生活的体验和诠释。这需要研究者与实习教师建立良好关系，而个案研究为这种关系的建立提供了较好的基础（Merrian，1998）。

3.4　研究参与者

本研究的参与者为某师范大学三名英语专业四年级学生。作为免费师范生，她们在大学四年级上学期都要参加必修的教师教育课——教育实习。她们被学院安排在某中学参加教育教学实习。在本研究中将把该中学匿名称为 F 中。

F 中学位于北京市中心城区，是一所重点中学和示范性中学。该中学现有 32 个高中教学班和 23 个初中教学班，在校生 2000 多人。该校有着深厚的文化底蕴和雄厚的教学实力，有着一批业务精湛的教师队伍。在首批北京市示范校的评定中，该校名列前茅。

作为北京市的优质学校，F 中拥有全国一流的教育硬件设备和软件教育资源。此外，F 中学接收师范大学高年级学生做实习教师的历史悠久，积累了丰富的实习教师培养经验，领导对培养实习教师工作十分重视。

F 中学的英语教研组拥有一批经验丰富的优秀教师。她们参与了多项国家级、市级教学研究项目；在课程改革中，她们组成课程创新团队，在教育教学专家的指导下探索把英语新课程理念映照于日常教学实践当中，在行动中不断探索英语教学的适切路径，理解英语教学的意义。她们中的大多数具有丰富的指导实习教师的经验，乐意和实习教师分享她们的探索成果。

本研究选取了在 F 中实习的三名英语专业学生作为研究参与者。她们被分别安排在初二年级、高一年级和高二年级实习。合作教师都是该校英语学科组的教研组长或优秀教师。表 1 总结了三位实习教师的基本信息。（详细信息见第 4 章）

本研究中的三位实习教师已经在高等师范院校英语专业学习三年。在这三年中，她们修完英语学科基础课程和大部分专业课程并通过相应的考试。需要特别指出的是，在学科教师教育课程学习中，她们完成了英语教学论、英语教学技能、英语教材分析、英语测试与评价、行动研究、语言学习论专题、多媒体教学课件设计、基础教育英语课程改革—理论与实践系列课程的学习，从不同角度和层次接触了英语教学的理论和理念，接受了教学基本技能训练。此外，她们还完成了教师教育课程模块中的教育学、教育心理学和现代教育技术基础课程学习。

之所以选择她们作为本研究的参与者，主要是基于以下考虑：①任何的学习需要学习者具备相应的初始条件和一定的环境作为前提，因此研究这些具有较长时间语言课程学习和教师教育课程学习经历、具备较好的教育实习环境和条件的参与者，更能够保证本研究所聚焦的教师专业学习现象的信息密度和丰富性。②作为质性个案研究，本研究欲为当下职前教师教育中的教育实习课程实施提供较为优秀的示范个案，鼓励教师教育者和实习教师有所作为，避免基于不成功的个案去批判环境的不利影响而陷入犬儒主义者的悲观和不忿情绪之中。

表1   研究参与者基本信息

	性别	所教年级	合作教师
恬静	女	初二	贺老师 年级英语备课组长 有指导实习教师经验
苏雅	女	高一	张老师 区希望之星 有指导实习教师经验
洋洋	女	高二	邹老师 英语学科组长 有指导实习教师经验

3.5　资料收集方法

质性个案研究允许研究者采用多种方法收集所需资料，并倡导不同渠道和来源的资料之间的相互补充和验证。在本研究中，研究问题的回答需要观察、质性访谈、课堂录像、反思日志收集以及其他相关文档如实习教师教案的收集。

观察是认识世界的一种自然方法，关涉着看和思考两方面。在资料收集过程中，笔者主要观察实习教师在办公室、教室、食堂等不同场所的行为、与环境和他人的互动——主要包括教室里的教学辅导活动，办公室的备课活动，与合作老师和同侪展开的评课、讨论和聊天，其他地点如食堂、走廊、回家路上与同侪的讨论、聊天等。在观察中，笔者尽可能客观地、详细地记录实习教师的一言一行，活动的地点和时间，与谁互动等信息。

在客观记录这些信息的同时，研究者会在旁边写上我的主观解释和分析，并基于这些客观记录和主观分析进一步打听或挖掘当事人的意见、观点、当时的想法。因此，观察记录有时也会成为本研究中质性访谈的基础。

表2   资料收集

	观察记录	访谈	反思日志	其他实物资料
恬静	约3.7万字	正式访谈4次 非正式访谈19次	35篇	教学录像12节 听课记录23份 教案10份
苏雅	约2.4万字	正式访谈4次 非正式访谈16次	35篇	教学录像13节 听课记录28份 教案10份
洋洋	约2.9万字	正式访谈4次 非正式访谈17次	29篇	教学录像12节 听课记录18份 教案10份

本研究的质性访谈包括正式访谈和非正式访谈两部分。正式访谈是在预约的时间和地点，在访谈提纲的指引下进行的面对面交流。而非正式访谈则是在走廊、路上、操场、食堂等地方，在工作的间隙、吃饭和聊天等场合就某个现象和问题进行的谈话。需要说明的是，非正式访谈中的"非正式"不是指随意的漫谈。相反，非正式访谈是研究者在研究问题的指引下，在事件发生的现场附近、在事件发生的较短时间内进行的有目的的信息收集过程。在征得研究参与者的同意后，研究者对访谈过程进行了录音。

同时，本研究对研究参与者的课堂教学进行了录像（大学要求每个实习教师要上交一节课的教学录像，研究参与者也把录像当成考察自己教学活动的工具）。此外，本研究收集了研究参与者的反思日志、听课记录、教案等实物。

表2归纳了研究所获得的主要资料的类型和数量，表中这些通过不同途径获得的资料为研究者研究回答研究问题提供了第一手资料。

3.6　资料分析方法和过程

以上多种途径获得的资料需要严谨而系统的整理和分析。本研究首先为每位研究参与者建立档案，然后对所获的音像资料进行转录，把所有的文字资料存入计算机，并按照观察记录、访谈、反思日志和实物资料四大类进行整理。为了方便检索和引用，研究者对资料进行初步标注，例如恬静2012年9月18日的访谈资料被标注为"恬静 – 访谈 –20120918"。

然后，研究者反复阅读资料，对资料进行分析，尝试找出一些主题和过程线索。例如，在分析恬静的日志时，研究者将文字资料复制到 Microsoft Excel 表格文档中，找出并标注恬静参与的活动类型，然后通过反复阅读找出与研究主题相关的词句、短语或句子并作标示。在此基础上，研究者对资料进行概括性编码（见表3）。但是在此过程中，研究者始终注意在资料分析中平衡理论视角和信息开放性之间的关系。接着，研究者以学习活动为主线，采用"三维空间叙事法"把资料中浮现的故事主题串联起来，组成实习英语教师在实习中参与学习的故事。

表3 资料分析样例

编号	原始资料	活动类型	专业学习		
			难题/失误	情绪	反思
恬静－日志－20120926	今天又是星期三，也是比较忙碌的一天。今天的主要事务是改作业、听课和课外辅导。课外辅导时学生问了我一个很简单的问题，"Me too."能不能用来回答"Nice to see you！"结果我却表现得很糟糕。那时候我真的是感觉到无地自容……我来自师范大学的实习老师，连一个初二学生随便问的问题都能难倒我……说实话，当时我是有点吓蒙了。根本就没有想着怎么去妥善应对。只是一味地紧张、羞愧和自责，这更让我无法思考。如果镇定下来的话，我会坦诚地告诉学生我觉得"Me too."不行，但我要想想为什么不行。	课外辅导	失误	羞愧	开始反思

在建构实习英语教师专业学习故事和图景的同时，研究者对研究资料进一步分析，通过更加细致的编码寻找概念和事件之间的意义关联，并通过对资料的综合分析提炼出相应的主题。

需要指出的是，资料分析的过程并不是单向的线性过程，需要研究者在不同资料之间"往复穿行"。因此，在资料阅读、编码、主题凝练的过程中，研究者既严格按照资料分析的总体步骤逐步展开，同时又往返于各个步骤和各种材料之间，根据研究的目的和材料的特性不断对自己的诠释进行确证和微调。

3.7　研究伦理、可靠性和效度

质性个案研究的质量保障主要涉及研究伦理、可靠性和效度三个方面，并且有着与量的研究不同的术语和方法——术语和方法的不同也反映在深层次的认识论方面的分析（陈向明，2000）。

本研究需要收集和分析的资料涉及实习教师在教育实习学校的专业成长经历、个人的生活体验和内心世界的感受。这些资料的收集和处理稍有不当就可能给研究参与者带来伤害。因此研究者对她们以及实习学校作匿名处理，对她们提供的资料严格保密。

在选择研究个案时，研究者秉持自愿原则，并告知参与者可以随时退出研究。在研究中，研究者充分尊重研究参与者的权利，对可能给她们带来的不利影响要预先告知。在整个研究参与过程中，研究者尽可能对研究参与者的付出作一些力所能及的回报。

为了提高本研究的可靠性，研究者参考了 LeCompte etal.（1993）的主张，尽可能在研究中采用低推论描述，同伴和参与者检核两种方法来防备资料收集和呈现过程中的失真。在效度保证方面，参考 Patton（2002）和陈向明（2000）的建议，本研究在资料分析过程中在不同来源的资料之间寻求互证，通过对同行分析者之间的分析结果进行比对并协商，通过比对研究者的诠释与研究参与者的解释等多种途径的三角互证来提高研究观察和分析结果的真实程度。

第 四 章

研究发现(一):实习英语
教师的专业学习图景

    专业学习总是发生于一定的社会情境的实践参与中。在实践参与中,学习者一方面在社会层面与实践场域中的他人构建成一种特定的社会实践关系网络;另一方面在个人层面审视和反思自己的实践体验。实习英语教师正是在这种社会关系中,在内省中学习如何"做教师"。本章将采用三维空间叙事法 (Clandinin & Connelly, 2000) 描绘并呈现三位实习教师在实习场域的教育教学实践参与中专业学习的过程和经历图景。实习教师在实践场域中的专业学习处于以前的经历、当前的状态和关于未来的愿景和期待之间,呈现时间维度的联系性;处于个人、教师、学生、学校和社会组成的网络中,呈现一定的社会交互性;也处于时刻转换的地点如教研组办公室、教室、活动室等,呈现一定的空间转换性。三维空间叙事法的使用恰好能呈现这种参与中学习的过程和空间,描绘实习教师鲜活的生活经历,呈现他们内心的体验、思索、感受和变化。这种由一点向前、向后、向外、向内的叙事 (Clandinin & Connelly, 2000) 试图勾画出实习教师学习的整体情况和大致的样貌。

    本章以三则叙事呈现恬静、苏雅和洋洋三位实习教师的专业学习图景。这些叙事并不追求通过刻画所有的细节来囊括她们专业学习经历的全部,而是通过选取并组合现场文本中的关键事件呈现她们学习经历中的典型。每一项叙事大致以以下结构组织：首先简述参与者及其所在的专业学习场景的基本情况，其次以参与者主要参与的活动组织其专业学习经历的图景描述。

4.1 恬静的专业学习图景

按照大学的课程要求和实习学习的具体安排，恬静在实习场域中主要参与了听课、备课、课堂教学、作业批改和课外活动组织与课堂辅导活动。恬静参与具体活动的数量见表4。

表4   恬静教育实习活动参与汇总

教育教学工作	听教师课节数	听同学课节数	写教案份数	讲新课节数（不含重复课）/讲课总节数（含重复课）	批改作业份数（批改次数＊人数）	课外活动组织和辅导
	15	8	10	10/14	16×70	18

从数字上看恬静的教育实习生活十分丰富，而在这些活动和数字的背后更隐藏着无数的尝试、挣扎、反思、沮丧和收获等复杂的思维和情感过程。

4.1.1 恬静及其所在的专业学习场景

恬静，某师范大学英语专业2009级免费师范生。她出生在中部某省某县城的一个教师家庭。恬静性格安静，给人的印象是略微有些羞怯，与人初次打交道时头总是略低着，说话声音柔柔的，比较小。一直以来，恬静无论在家里还是在学校都是以"乖和听话"而备受师长和朋友的称赞。不过，恬静称自己其实有点不是那么的自信，而且她在实习日志和实习教学反思中也经常提到自己的性格因素。

恬静学习十分刻苦,在小学和中学都是老师眼中的好学生,尤其是文科方面的基础打得比较扎实。因为英语成绩一直不错,同时也考虑到将来就业的问题,恬静在高考时报考了英语(师范)专业。恬静说,能成为英语专业的免费师范生自己觉得挺满意的,这主要是受到教师家庭(尤其是母亲)的影响,自己从小就向往成为一名教师。

进入大学后,恬静发现自己的英语成绩虽然不错,但优势主要体现在英语的基础知识,而自己的英语交际技能不是很好。"其实在大学,上了几堂专业课后,我就意识到自己的英语发音不是很准,口语表达不是很清晰和流利,逻辑性也不是很强。以前只是很会做试卷上的选择题。"(恬静 – 访谈 –20120918)恬静认为这和她中学时期的英语教师片面重视应试有关,那时候英语老师大多数时间是满堂灌输语言知识点或讲解题目。因此,在大学期间,恬静也特别注意加强英语语言技能方面的学习,努力纠正自己的语音风貌和口头表达能力。在外语教师教育模块的课程学习方面,恬静系统地学习了英语教学法课程,接触了不少英语课例,也听了几位优秀英语教师的"亲身说法"。通过学习了解了很多语言教学的基本概念和教学设计的基本程序,觉得应该能够应付日常的英语课堂教学。可事实上,她自己对这些教学概念和程序的理解还只是停留在理论方面,对于它们在实践课堂上的应用不是很有底,有时候"觉得教学法课上讲的和自己以前老师的教法很不一样,会自己问自己这样行吗,是不是太理想化了"。(恬静 – 访谈 –20120918)

2012 年 9 月 17 日,恬静和 10 多名同学一道来 F 中学实习。这段时间,恬静内心十分复杂。一方面,因为马上要"站在讲台上给学生上英语课而激动";另一方面,又为自己能不能上好课,能不能成为一位"学生喜欢的老师"而忧虑。到了 F 中,恬静被分配到初二年级，合作老师①贺老师是区骨干教师，实质上也是年级英语教学的带头人，有着丰富的英语教学经验和漂亮的教学履历。贺老师很和蔼，对恬静的"指导也很专业，往往以商量的口吻和恬静交流教学理念、看法和建议"。（恬静－访谈－20121010）年级组里其他老师也都十分友好，都愿意分享他们的教学经验和课堂设计。令恬静感到特别幸运的是，有一位老师刚从恬静所在学院研究生毕业，恬静感觉她就像大姐姐一样，恬静也被安排坐在她的旁边。在这个教研组里，恬静觉得自己是一颗"很受呵护的小草"，老师们很乐意和她交流，也欢迎她随时去听课，也愿意给她参与教学、辅导和组织活动的机会。这些都让恬静感觉很温暖，给了恬静上好课、当好实习老师的信心和支持。

而到了所要带的两个班级之后，恬静稍稍安顿的心又悬了起来。这两个班的同学特别活跃。他们在课堂上回答问题十分积极，可也总是有很多奇奇怪怪的问题；下课后，他们打打闹闹的，也愿意和恬静老师说笑。而且，他们一点也不"敬畏"恬静老师，有时候甚至主动安慰恬静说，"老师，不紧张，不就是实习吗"。（恬静－观察记录－20121011）恬静一开始很是担心自己"对付"不了这些"可爱但又顽皮的孙悟空们"。

从上面的叙述中，可以看出恬静的性格，英语学习和英语教学知识技能准备的基本情况。同时，也可以看出恬静投身于实习场域中所生成的社会关系。（如图3所示）

恬静认为她和同在该校实习的大学同学的关系在共同面对实习这一任务时变得更加紧密，几乎成了无话不谈的朋友，并相互安慰和相互鼓励。恬静与实习场域中其他成员关系的生成则经由贺老师中介而完成。在实习期间的交互中，贺老师仍经常承担这种桥梁作用。但是，恬静也将在教学实践中和学生建立相对独立的联系。由

---

① 为和高校指派的指导老师区分开来，本研究中采用合作老师的称呼。

于李老师是新手教师，同时又是年龄差距不大的校友，恬静能够和她比较平等地交流，所以也建立了较为独立的联系。而恬静很难与教研组内其他老师建立独立的联系（虚线表示）。恬静将在这一复杂的交互空间中学习和探索英语教学。

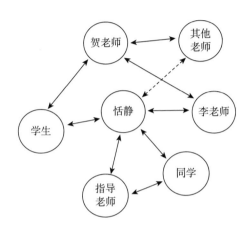

图3　恬静在实习场域中的社会关系网络

4.1.2　听课中的学习：从学诀窍到聚焦深层理念

在实习学校，听课是恬静实习期间的常规活动之一。恬静在实习初期几乎每天都要听一两堂课，以合作老师和同学的课为主，有时也听组里面其他老师的公开课和师姐老师的课。恬静很喜欢听课，她起初觉得能从听课中学习一些做老师的诀窍和经验，看老师怎样有效组织课堂教学。

> 我很期待着从有经验的老师的课堂教学中学到一些上课时可用的招数。我觉得她们能有条不紊地把一堂课上下来而不出现什么差错，能把自己计划好的内容在规定时间内讲完，也能娴熟地应对突发事件，这很神奇的。（恬静－访谈－20120918）

怀着学诀窍的期待，恬静在 2012 年 9 月 19 日第一次踏进了合作老师贺老师的课堂。坐在教室的最后面，因为学生偶尔转过头来看她一眼，恬静心理还挺紧张的。恬静的目光随着贺老师的身影移动着。有时拿着笔在课堂观察表上记着什么。恬静说一开始坐在那其实挺茫然的，也不知道要看什么，听什么，记什么。恬静觉得老师的行为和语言既熟悉又陌生。贺老师把课题写在黑板上，和学生打招呼，翻着 PPT，通过问题导入本次课所要讲的话题、播放音频等这些行为恬静都很熟悉，也觉得操作起来很简单。这其中没有什么诀窍呀？恬静想着那就什么都听，什么都记吧。"要是什么都听，什么都不放过的话"，恬静觉得自己的注意力和思绪一直游离在课堂的表面。因此，她感到听课活动有点淡而无味。一节课很快就过去了，恬静知道自己听这节课时没有沉下去，而是浮在英语课堂教学的表面，没有特殊的感觉，没有深层次的感悟。下了课，贺老师很和蔼地问恬静听了课后，有没有什么意见和建议。恬静这时候脑海中突然一闪而过一个问题，于是问贺老师为什么学生在贺老师的课堂上发言非常踊跃，回答问题很切题，话说的也不少，整体上和老师配合得十分好。贺老师笑眯眯地说，"不是他们配合我，是我配合他们"。

贺老师的回答让恬静大吃一惊，她配合学生。恬静想这个问题好些时候，觉得这就是个妙招呀，要配合学生就是教师教育课程里老师说的以学生为中心设计课堂教学。更加重要的是，突然间恬静想起大学课程里课堂录像观摩中所用的课堂观察表上有两栏，分别供记录老师的行为和学生的行为所用。恬静领悟到，听课不仅要关注老师做了什么，还要关注学生做了什么，以及这二者之间有什么联系。

　　我突然间意识到，听课除了看老师在教什么和如何教，还要看学生如何学和学到了什么。老师的教在学生那里接受的怎么样，学生是不是喜欢老师的讲解，是不是听懂了老师的讲

解,学生对老师提问的回答怎么样。哦,还有,老师是不是根据学生的反应做了一些更改。(恬静－日志－20120919)

有了第一次听课的经验,恬静接下来听课时就不再那么紧张和茫然了。第二次听课时,恬静就开始认认真真地在课堂观察表上记着老师的话语、行为以及学生的回应。她的记录中出现"T(教师)用较慢的语速问……Ss(学生)集体回答,有点嘈杂……T走到后排声音最大的S旁边示意回答"等内容。下课后,在和贺老师回办公室的路上,贺老师让恬静说说今天听课的情况。恬静笼统地说了贺老师的设计挺好,上课节奏很好。接着,恬静问贺老师上课时为什么经常走到后排去。贺老师说,后排那些学生我也要照顾到,不照顾到他们,他们就会出现纪律问题。恬静开始发现贺老师的课堂教学中很多行为的背后都隐藏着她的教育目的和意图。

随着和学生由陌生到熟悉,恬静感觉听课其实也挺有趣的,对自己的教学很有用。恬静在一次日志中反思:

> 实习这么多天了,觉得听课的收获很大。听课能学到很多东西,还能发现很多以前注意不到的有趣现象,有些场面让我确实挺有感觉的,觉得当老师挺不容易,要考虑到各种学生的各种需求,各种学生的各种特点……而我有时候想,在某些情境下,如果我是贺老师,我会怎样做,我能想(像)贺老师一样从容地应对吗?(恬静－日志－20120928)

渐渐地,恬静在听课时开始由置身于课堂之外到融入课堂教学中。恬静发现自己对学生也渐渐熟悉起来了,从听课中也能推测出学生的英语水平,他们的学习偏好、性格等。恬静不再把自己当成教育教学的局外人,而是开始把所见的情景和自己将来的教学联系起来思考,把教师的行为和应对策略以自己可能采取的行为和策略进行比较。

2012 年 10 月下旬，在自己亲身给学生上了课之后，恬静在听课时就更加认真起来，思考也逐渐有深度了。由于在上课中发现自己在课堂管理方面——尤其是在应对学生的闹腾方面缺乏经验和策略，恬静打算在以后的听课中观察贺老师是如何应对这种状况的。

2012 年 11 月上旬，贺老师要准备公开课，因此在上该次课时邀请李老师来听课并提些意见，也特意告诉恬静听完课后要提出一些意见或建议。这一次听课时，恬静认真地听着，时不时侧身看看李老师正在记的听课记录。恬静发现，李老师在听课前已经画好了一个听课的框架，包含课程设计、执行情况、学生的学习情况等项目，其中学生的学习情况中又包含氛围、过程和结果子项。恬静觉得听课时要有一个关于课堂教学的大体框架会更有利于自己的分析和学习，也能帮助自己更好地把握课堂教学的全貌。

听完这节课后，贺老师在讨论时首先说明了本节课的课型——听说课，本节课的具体目标、设计思想和思路、重点和难点处理等。李老师在听后提出本节课的目标很明确，但是否存在要求过高的问题；听的活动前铺垫过多、过细，是否可以更切题和直接；在听后大家跟读阶段，同学们没有读进去，只是随口念着，活动是否有效。最后李老师提出听课时她一直重点关注这个现象，这个班的课堂气氛十分活跃，有点太活跃了，学生发言很踊跃，但回答有时候不是特别切题。而且有时候，后排有些同学在用汉语讨论或说与课堂无关的话。恬静觉得李老师观察得特别细致，而李老师提的问题也正是她自己关注的问题，因为她上第一次课的时候发现学生确实有点淘气，有时候她有点控制不住课堂。恬静说她观察到学生在贺老师的课上比在她的课上问题回答得质量要好，不会扯得太远，这主要是贺老师会在学生回答问题时往要点方面引导，让学生不相关的话及时收住。贺老师说她知道哪几个学生会话比较多，哪些学生表现欲望强，平时会刻意关注那几个过度活跃的学生，会让他们有表现的机会,但今天对他们的关注确实不太够,因为公开课时不想表现得对他们"特殊照顾"。

通过这次讨论,恬静发现原来贺老师课堂活动组织方面的成功是建立在她对学生的深刻了解基础之上的。恬静觉得之前自己听课时仅仅关注教师行为和学生表现层面的联系,而忽略了行为背后的深层原因。恬静在这次听课后所写的日志中有这样的表述:

> 课堂表面的流畅和生动的背后都隐藏着一些秘密。我上课后一直在想如何"不让我的课堂"失控,但就是想不出办法。我也在想我是在模仿贺老师,但怎么到我这就无效了。我现在才能理解当初大学里上课时老师总是问我们这样做的目的是什么,有什么理由。贺老师能"驾驭"这些小猴们的原因是她对他们了解的深刻,她知道他们的性格,了解他们要什么。学生在她的脑海里是一个个具体的形象,而不是一个抽象的名字符号。(恬静-日志-20121106)

恬静开始围绕着自己在教学中所遇到的问题进行思考,并力求从听贺老师的课上寻求答案。

最后的几次听课中,恬静一方面挖掘贺老师上课的闪光点——课堂活动生动有趣背后的多种原因,并尽量在自己的课上模仿和尝试贺老师生动有趣的风格。另一方面恬静以自己在实习教学中存在的课堂管理问题为关注点,在听课中重点观察贺老师课堂管理教学行为及其与学生行为的联系,并通过向贺老师请教、查找相关的网络资料和书籍等方式思考课堂管理的技巧及其背后的理念。

从以上的图景实描中可以看出,恬静在听课初期关注的是合作教师教学中的浅层次的技巧和妙招。随后,在合作教师的指导下,恬静通过观察和反思逐渐注意到隐藏在课堂教学行为背后深层次的教学理念,并且对课程教学理念有了更深入的了解。

4.1.3 作业布置和批改中的学习：拓宽技能，了解学生

在 F 中实习期间，布置和批改作业是恬静参与最多的教育教学活动之一，几乎是她每日的常规工作任务。大多数时候，贺老师会告诉恬静今天的作业是什么，然后由恬静去教室布置给学生。此外，恬静还要完成收作业、批改作业和发还作业的任务。

说实话，恬静一开始并不能理解为什么合作老师让自己布置和批改作业，认为布置和批改作业是一种无价值和意义的简单劳动，不能从中获取任何教育教学的经验和技巧。

> 说实话，我挺烦改那么多作业的，那无非是一项画勾画叉的体力活，没什么技术含量。改作业的时候，我觉得挺委屈的……我不是来改作业的……（恬静－观察记录－20120919）

恬静第一次布置作业就不是很成功。9 月 18 日下午，恬静在下最后一节课之前来到教室布置作业。学生正在教室里自习，看到恬静进来后，本来安静的教室顿时被搅动了。一听到同学们吵闹起来，恬静就感觉到异常紧张，眉头也皱起了。恬静当时想着赶紧把作业布置完然后逃离。可是，越是这样想，恬静越不知道如何让学生安静下来听她布置作业。恬静当时小声地说："大家今天完成《学习　探究　诊断》上的内容，明天交上来，另外复习新课。"同学们一边抱怨着怎么那么多作业呀，一边相互问哪些作业，教室里乱哄哄的。但是，恬静没有理会这些情况。站在外面的贺老师很快进了教室，环视了一下整个教室，大声地告诉学生完成练习册从几页到几页，预习哪一课的词汇和课文。

恬静心里知道作业布置任务没完成好，这使她在实习中第一次感到很挫败。那时恬静觉得很痛苦，开始担心起自己以后做老师怎么办，并怀疑自己不适合做老师。

布置作业这么容易的事,我都做不好。我想,以后我要是当上了老师,学生们还这么乱糟糟,作业没法布置,我该怎么办?我也许真不是做老师的料。贺老师做得却很轻松。(恬静–观察记录–20120919)

回到办公室,恬静问贺老师以后布置作业该怎么办。贺老师笑着说恬静不要着急,这个班的学生本来就是全年级最闹的。恬静接着问自己怎么让他们安静下来,贺老师说自己一般会在布置作业前环视一下全班,引起学生的注意,学生就安静了。还有,学生要仍然吵闹不停的话,就请那个闹得最凶的学生起来告诉全班你布置的作业。贺老师补充了一句说,当然,你是实习老师,他们不怕你,你这样做效果会不会很好,我不知道。恬静回忆自己当时布置作业的情况,觉得贺老师的招数确实挺好,决定下次布置作业时试试。

第二次布置作业,恬静试着模仿贺老师,首先环顾所有的同学,等同学们稍微平静之后,再把作业的内容、数量具体地交代清楚,最后检查同学的了解情况。几次布置作业之后,恬静已经很熟练了,也不是那么紧张了,但是布置作业的时候还是有点乱。恬静在办公室主动向贺老师和大学指导老师谈起这件事。

恬静:我是实习教师,学生在我面前就比较放松,所以效果不是很好……

指导老师:你环视全班的目的是什么?

恬静:想让他们知道我要说话了,也想吸引他们的注意。

贺老师:作为实习老师,他们怕我,不怕你,你是不是也可以用别的办法来吸引他们的注意呢?

恬静:是不是说,作为实习教师,我得用更多的办法才能对付他们。

指导老师：不是对付啦，其实是让你的目标实现。比如说你布置完作业后请最吵的同学说说布置了什么作业，不是惩罚他，让他出丑，而是要检查同学们是不是知道了作业，是一种反馈。

恬静：哦，我有点明白了……（恬静－观察记录－20120927，办公室录音）

通过与贺老师和指导老师的谈话，恬静清楚了自己布置作业时每一个步骤的目标，而实现这些目标可以通过多种行为来实现。作为实习老师，她不能仅模仿贺老师的行为，而是应该在目标的指引下摸索并拓宽有效的行为策略。

在此次谈话之后，恬静布置作业时，往往首先在黑板上简要地写下今天的作业内容，然后通过手势语请同学们安静，甚至有时候先绕教室一圈，和最活跃的几位同学交流一下，然后再告诉大家要开始布置作业了，最后请同学们看黑板并解说作业的具体要求。而且，恬静每一次都努力根据学生的行为情况微调所使用的策略。

在作业批改方面，恬静经历了由起初的不理解、厌烦到渐渐理解并借由它了解学生的过程。在一次批改作业时，看着堆满办公桌的作业本，恬静心里感到焦躁不安。她在作业本上机械地画着勾或叉。在内心的抗拒和煎熬中，恬静花了将近一个下午的时间才批改完作业。过了一会儿，贺老师问恬静同学们作业的完成情况时，恬静却懵了，她根本就没注意同学们作业中反映的问题。她只能笼统地说，大部分同学做得不错。贺老师拿起学生作业本，认真地分析了起来。过了20多分钟，贺老师说，我全部浏览了一下，觉得同学们上节课的词汇搭配学得不错，错误率很低，但是自己写的句子却不是特别好，少数几位同学，像 X，Y，Z 等同学还是不能写出现在进行时的正确形式，你是不是可以找时间辅导一下他们；还有接下来一周的课上，我们还要加强现在进行时的实际应用。

这一次的作业批改让恬静触动很大，并开始认识到作业批改的功能和深层意义。

> 这次批改作业确实让我学到很多。贺老师对学生的负责让我感到汗颜，贺老师翻完作业时的总结让我真的很惭愧。虽然我也在教育学课上了解过作业的功能是查漏补缺什么的，但我直到今天下午才意识到批改作业原来不仅仅是告诉学生哪里错了，也是教师发现学生对知识的掌握情况，并在此基础上对自己将要上的课进行规划的过程。（恬静－日志－20120923）

在接下来的实习期间，恬静不再排斥作业批改。恬静开始关注学生作业中体现的语言学习情况，甚至有时候会简单统计新学知识点的错误率和错误类型，并据此分析自己课堂教学中知识处理的效率。很多时候，恬静也和贺老师一样，会把学生普遍做错的题目抄录下来，并在上课前给学生讲解。

通过作业批改，恬静发现自己对这些学生越来越了解了。恬静知道 S 同学比较粗心，写的字大而潦草，F 同学阅读稍差，Z 同学对英语学习缺乏兴趣，经常不完成作业。2012 年 11 月初，恬静在批改完作业后也会学着办公室里一些老师根据学生作业完成的质量找到 H 同学到办公室谈话。H 同学做的作业一直都很潦草，错误率也很高，偶尔还不完成作业。这和 H 同学在课堂上留给恬静的活跃、英语表达不错、回答问题积极的印象相矛盾。在谈话中，恬静给 H 同学看了其近一个月的作业完成情况，并说出自己对 H 同学课堂上和作业方面迥异的表现的困惑。H 同学也表达了自己觉得学英语说得好，能听懂就行，不太喜欢做有些刻板的练习。恬静在谈话中告诉 H 同学，听说确实很重要，但是准确、工整的书面表达也很重要，也是学生在将来社会活动中的重要名片。在此之后，H 同学在作业工整和按时完成方面真的有了不小的进步。而且通过这次谈话，恬静觉得自己对 H 同学的了解更加深入了，也再次发现初二的学生原来是很成熟，很有自己见解的现实。H 同学对恬静也变得更加尊敬了，而恬静觉得自己真的是学生们的老师了。

从作业布置和批改的专业学习图景中不难看出，恬静在实践中不断模仿合作教师的行为，并在实践尝试中不断进行调整，这些丰富了恬静的教学技能。另外，在作业批改中，因为有了更多的机会接触学生，恬静对学生的学习情况、思想状态有了更深入的认识。

4.1.4 课外活动组织与辅导中的学习：问题应对能力的发展

在 F 中实习期间，恬静组织了多次课外英语活动，并承担了午餐后课外辅导的责任。2012 年 10 月下旬，学生要参加区里的配音比赛活动。贺老师在确定了比赛人员和比赛脚本后把辅导配音比赛的任务交给恬静。恬静是既兴奋又焦虑。高兴的是得到贺老师的信任，把这么重要的任务交给自己，焦虑的是自己不知道从哪里着手做，怎么做。

10 月 16 日下午，恬静组织学生进行第一次彩排。恬静提前 20 多分钟就来到活动室准备电脑和背景音乐文件。恬静在试播了背景音乐时发现背景音乐音调太高，如果降低点音调则更有利于学生的发挥。这时，学生已经到了活动厅并等着活动开始。恬静问身边的学生如何降低背景音乐音调，学生讲现在做不成，需要回家利用音乐制作软件处理。恬静就请 T 同学下课回家后帮忙处理。而该同学则问需要降多少调，恬静想了想红着脸说我也不知道，你看着处理就行。而就在这时候，学生已经等了将近 7 分钟，并开始骚动，他们在活动室进进出出，有的在吃着东西，有的在谈论着配音剧里的情节，有的则在打闹着。这时，W 同学提醒说："老师，已经到了 3 点 50 分了，我们快开始排练吧。"（恬静 – 观察记录 –20121016）恬静并没有注意到这些，而是仍然在播放着背景音乐文件。在学生的再次提醒之后，恬静才请同学们按要求站好并开始排练。

学生们的配音和动作表演非常精彩,基本上没有大问题,只是存在一些衔接和节奏方面等小问题。排练完一遍,学生模拟谢幕时,学生喊着说:"老师此处应该有掌声。"恬静才开始鼓掌。恬静感觉自己有点不在状态,没有像学生一样"入戏"。而且恬静也感觉到自己在开始时耽搁了很多时间,也没有顾及学生的等待以及在等待时表现出的躁动不安。

第二遍排练时,恬静很快地组织好学生们站位,并请同学们认真对待。在同学们的排练过程中,恬静全神贯注地观看着学生的配音排练并努力融入剧情,在旁边还不时哼着背景音乐。学生在配音的精彩处,恬静情不自禁地鼓掌。在排练结束时,恬静一边热情地鼓掌,一边说:"大家的表演几乎和原声一致,发音、节奏和韵律都把握得不错,很精彩"。(恬静-观察记录-20121016)接下来的排练就比较顺利了。学生练习的时候,恬静录了音,但是她并没有事先告诉学生。在练习的间隙,少数学生小声地说笑,恬静为此很生气。恬静极力忍住责备学生的冲动,而是告诉学生她正在录音,请大家安静。

恬静觉得自己在组织活动的开始阶段做得很不好,一是没有做好充分的准备,而是在现场调试设备;二是管理能力欠缺,对时间管理欠佳,不能准时开展活动;三是对学生的情绪关注不够,不能在学生略显焦躁时积极应对。除此之外,恬静从学生在排练结束时说"老师,此处有掌声"的话中感觉到自己在活动组织时缺乏情感投入。而且,恬静也发现自己的指令有时候不明确,如录音时没有事先告知学生。在活动过程中,当恬静意识到这些问题时,很快地进行了调整。对于自己的发现和进步,恬静感到十分兴奋。同时,恬静也认识到,当一位优秀的英语老师,不仅能教好书,而且还得能够组织学生参加活动,让学生在活动中提高语言应用能力。在日志中,恬静写到:

> ……只要自己注意观察，在活动组织中发现自己的行为的不当之处，而不是仅仅把纪律问题归咎于学生，很多问题还是可以解决的……通过这次排练组织工作，我学到了很多，体会到进步的快乐……我觉得当一位好老师不容易，不仅要能在课堂上教好课，还必须会组织学生的课外活动，让学生在活动中磨炼和发展才智。（恬静 – 日志 –20121016）

午饭后的辅导是恬静实习期间在课堂教学之外和学生交流最多的教育教学实践活动。恬静的课外辅导任务主要包括监督学生背单词、做作业以及解答学生学习中的疑问。在课外辅导中，恬静通过和学生的交互收获了深入了解学生的机会，也认识到自己在学科教学知识方面的不足。

2012 年 9 月的一次午间辅导，恬静正监督同学们背书。这时，一位同学举手示意有问题要请教。恬静马上走过去询问有什么问题。该同学说最近在很多地方看到用"Me too."回答"I like English very much."和"I am quite happy that morning."，表示"我也是"和"我也如此"的意思。那我想是不是可以用"Me too."回答"Nice to see you."听到这个问题，恬静当时就慌了。恬静觉得自己平时没关注这个问题，也不知道这个问题的答案。恬静当时感到十分尴尬和羞愧，甚至觉得自己很无能。

> 那时候我真的是感觉到无地自容……我来自师范大学的实习老师，连一个初二学生随便问的问题都能难倒我……说实话，当时我是有点吓蒙了。根本就没有想着怎么去妥善应对。只是一味地紧张、羞愧和自责，这更让我无法思考。如果镇定下来的话，我会坦诚地告诉学生我觉得"Me too."不行，但我要想想为什么不行。（恬静 – 日志 –20120926）

在慌乱中,恬静小声地告诉学生说应该是可以的。接着,恬静在学生追问为什么之后给学生做了如下的解释。

> "Nice to see you!"意思是"很高兴见到你"。回答一般情况下是用"Nice to see you too."而这里说"Me too."也可以简洁地表达类似的意思。(恬静 – 访谈 –20120926)

说实话,恬静对自己的解释心里没底,也很不满意。但接下来发生的事情就让形势变得更加糟糕。恬静看到学生一脸的狐疑,甚至有点嘲笑的感觉。而且,这位学生说我看了书说是不能用"Me too."回答的,也许是书上错了吧。

刹那间,恬静觉得天塌了。一方面,恬静为自己的"无知"和答错学生的问题而羞愧难当;另一方面,恬静为自己在碰到这种不好回答的问题时的草率和欠考虑而懊恼和后悔。同时,恬静认为学生是在故意为难他,对这个学生也有点"不爽"。在这些相互交织的复杂感情中,恬静觉得自己不具备一个英语教师的学识和素养,同时也感到很委屈,甚至有马上逃离教室,再也不当老师的想法。

> 那个时候,我委屈得要死……眼泪都快掉下来了,我是强忍着让自己不哭的……我觉得自己不适合当老师,没那个学识,没那个能力……我不想耽误学生,也不想让学生欺负。那时候,我觉得所有的学生看我时,眼神中都带着些许的蔑视。(恬静 – 访谈 –20120926)

终于,下午上课的铃声响了,恬静迫不及待地逃离了教室。回到办公室,恬静立刻在网上百度搜索"me too"的用法。但是,恬静发现百度搜索的结果中呈现的只是"me too"的简单的汉语释义,并没有详尽的用法解释。此外,恬静发现很多人在网络上也提出类似的问题，但回答者的答案却各不相同，解释也很不一致。整个下午，恬静闷着头搜索和寻觅着，但是没有获得满意的发现。经过寻找，恬静不再那么自责和愧疚了，因为，她发现"me too"的用法并没有想象的那么简单。

一番无果的求索之后，恬静决定向指导老师请教。指导老师请恬静去参考一下语法教程的不完全句部分，同时向恬静提供了从语料库里面检索到的几个例句，并要求恬静在这些材料的基础上自己总结"me too"的用法。另外，指导老师还告诉恬静"Nice to see you."是常用的寒暄用语，在一定程度上其的回答是公式化的"Nice to see you."

按照指导老师的建议。恬静自己弄懂了"me too"的用法。第二天辅导时，恬静信心满满地走向那位问问题的学生。当恬静按照指导老师的思路向学生讲解时，恬静发现学生不但没有什么积极的反应，相反却是一脸的迷茫。恬静突然间想到初二的学生接受不了自己刚才的讲法。因此，恬静很快地对自己的讲解作出了以下调整。

> 那时候，我思考着如何既把问题讲清楚，又让初二的学生容易接受。我于是先问学生"如何回应'Good morning'和'Nice to see you'？"然后，结合学生的经历，改编了三个包含"me too"的对话。最后请学生观察这两个对话并归纳"me too"的使用环境。(恬静–访谈–20120927)

出乎恬静意料的是，学生很快就发现"me too"的使用环境，并能理解恬静关于"Nice to see you."不能用"Me too."回应的解释。这个结果令恬静松了一口气，学生们对恬静也更加信任，恬静对自己当好老师也有了些信心。最重要的是恬静发现教师不仅要掌握知识，更要把自己掌握的知识转变成学生可以接受的形式。

从以上的学习图景实描中不难看出,在辅导学生和活动组织过程中,恬静在现场问题的解决中发展了组织和应对能力。同时,问题解决的探索也促进了恬静的学科知识和教学知识的融合。

4.1.5 备课中的学习:模仿和优化中的技能增长和观念发展

备课是教师上课前根据学科教学标准和要求对课堂教学所进行的规划和准备,是保障教师有效教学和学生有效学习发生的前提。在实习期间,无论是实习生个人还是合作老师都十分重视备课之于课堂教学和专业学习的重要性。恬静所上的每堂课的背后都是合作老师和恬静长时间的精心准备。在准备过程中,恬静在合作老师总体要求的指导下,根据自己对课程知识的理解和对学生的了解,在搜索大量素材的基础上确定自己的教学主线,不断调整自己的教学思路,平衡教和学之间的关系。

9月底,合作老师告诉恬静她的第一次课将安排在10月的第四周讲授"Western Music"这一单元的第一课时内容并请恬静开始准备。有些茫然的恬静问合作老师备课要注意什么? 合作老师让恬静注意教学活动设计的趣味性和交际性。

一开始备课时,恬静"读了好几遍教材却不知道从哪里下手"。恬静不知道合作老师的"好好认真备课"具体意味着什么。在大学期间,恬静虽然"学了如何写教案,但是在教学实践中,恬静不明白写教案和备课是不是一回事"。(恬静 – 访谈 – 20121008) 同时,恬静觉得自己很难把实习期间听课所获得的一些课堂教学技巧、策略、认识和感悟融入备课中去。在纠结中,恬静决定先看看网上的教案是否能给她带来些灵感和启示。在阅读了一些网上的教案之后,恬静发现这些教案和自己大学期间教学法课程里面的教案示例在结构方面有很多共同点,都是由教学目标、教学重点和难点、教学方法、教学步骤等模块组成。恬静于是决定"先按照《英语教学

法教程》上的教案示例框架（见表5）一步一步做"。（恬静－访谈－20121008）

表5 恬静使用的教案框架

Overall design and guiding principles	
Analysis of the students and the teaching materials	
Teaching objectives	
Teaching procedures and activities	
Teaching aids and blackboard design	
Reflection	

但在接下来分析教学的目标和重难点时，恬静主要是按照教师用书上的原话略作修改。在活动设计时，恬静也主要是采用教师用书的设计。同时，恬静融合了一些网上教案里比较好的活动和做法。但是，恬静"很少有自己的想法"。

> 备课时我老是被教师用书牵着鼻子走，我想不出其他的设计方法，最多添上一些网上的课件和教案的有闪光点的活动和练习。（恬静－日志－20121009）

恬静知道"照搬教师用书上的分析和活动设计"是不合适的，因为学生不一样，情境也不一样。但是，恬静觉得如果按照当年她自己读书时老师所采用的那套方法教就更不行，她忍受不了那种枯燥和机械的知识灌输。但是如何在实践中贯彻英语教学的新课程理念——关注学生的个体差异和学习兴趣，注重语言应用能力的发展，恬静也不知道。恬静一方面不满传统的教学模式；另一方面又不知如何践行新理念的英语教学。在这种矛盾中，恬静只好选择在备课中"模仿"，实质上是大部分照搬教师用书的教学设计。

在恬静初步完成"备课"之后,恬静主动向同组的实习生寻求帮助,请她们对教案提意见。在看了教案之后,苏雅指出恬静教案中的活动设计太拘谨,主要是四平八稳的听句子和回答问题,缺少对学生的吸引力。苏雅的提醒让恬静很快发现自己的课堂活动设计缺少变化,听力活动仅采用正误判断,形式过于单一。因此,恬静决定对教案中的听力活动部分进行修改,尽量让听力活动活泼一些,对初二的孩子更具有吸引力。

接下来的几天里,恬静思索着如何让课堂活动设计更具有吸引力。恬静翻阅自己以前的教学法教材和笔记,总结了提高课堂活动吸引力的设计原则——结合学生的生活,契合学生的认知水平,具有时代气息。从这些原则出发,恬静决定在听前活动中播放一小段各种音乐,并让学生竞猜各段音乐的类型。在听时活动中,恬静添加了一些填空任务。在听后任务中增添了开放性任务,请同学们说说家庭成员中谁喜欢听什么种类的音乐。

恬静所准备的教学设计在指导老师贺老师看来还不错。同时,贺老师提出了以下优化建议:①摸清学生对音乐的了解情况;②根据学生实际情况,细化教学目标,最好能列出学习目标表;③把教学活动和教学目标进行比对,看是否能实现目标;④用一条主线贯穿整个教学过程。恬静觉得贺老师的建议都切中了她的教学设计中的要害,这些问题一直困扰着恬静,但恬静就是不知道从何下手,而贺老师的建议恰好为恬静修改自己的教案指明了方向。

恬静按照贺老师的建议对教学设计进行了多次优化。在上课的前一周内,贺老师也对教案的细节部分提出了一些修改意见。贺老师的修改意见往往能指出恬静教学设计中存在的关键问题,而且是以商量的口吻提出的。因此在备课中,恬静大多数时候都能深化对教学设计原则和教学原则的理解,并在理解原则的基础上对教学设计的实施细节进行修改。然而,值得一提的是,恬静并不是每一次都原原本本地按照贺老师的意见修改教学设计，有时候恬静会向贺老师解释自己的设想，以及这些设计背后的理由和教学目标。在这些时刻，贺老师会仔细聆听恬静的解释，并在很多时候会给予恬静鼓励和支持。

概言之，在备课过程中，恬静在大学课程中所学的备课步骤和原则的指导下，参考网络上的教学资源进行教学设计，并根据合作教师和同学的建议不断修改自己的教学设计方案。这种模仿、优化和探索的过程训练了恬静的教学设计技能，深化了她对教学目标和过程的理解。

4.1.6 课堂教学中的学习：问题解决中的积极探索

从 10 月下旬起，恬静上了 10 多堂课。这些课涵盖了新课、复习课、听力、阅读、口语等多种课型。恬静也经历了从第一次登台的"充满恐惧"到逐渐能"从容应对"的转变。

10 月 24 日，在准备了近三周后，恬静怀着忐忑的心情第一次登上讲台授课。铃声响的那一刻，恬静心中要求自己笑一下以压制心中的惴惴不安。恬静的开场白有点拘谨，语调也有点不自然，像"learn some knowledge"这样的欠准确的语言也不少。

> 站在讲台后面，我其实是躲在讲台后面……尽管做了准备，我还是很紧张……与其说是自我介绍，不如说是背了一遍自我介绍。（恬静 – 访谈 –20121024）

接下来，恬静按照准备好的教案一步步地执行她的教学计划。在听力活动开展时，恬静低头看着电脑屏幕，关注的是文件的播放，几乎没有抬头看学生。在播放了一段爵士音乐后，几乎所有的学生都回答"that's jazz"，但恬静并没有理会学生，而是仍然按照既定计划点名请一位同学回答。当听力文件中出现一段音乐时，后排的同学开始说话,并且说话的声音越来越大。但是,恬静仍然低着头,没有做出任何干预。恬静的解释是"那时候,我就想着怎么把听力任务完成,没注意学生的反应"。(恬静 – 访谈 – 20121024)

　　恬静继续按照自己的计划把本节课的活动执行完毕。铃声响起的那一刻,恬静悬着的心放了下来,终于完成了任务。恬静在访谈中谈道:"我的感觉是终于上完了这堂课……整体上还行,能活着出来就是万幸了"。(恬静 – 访谈 – 20121024)

　　上完课之后,恬静、贺老师、指导老师、李老师和苏雅一起就恬静的第一堂课进行了讨论。在讨论中,恬静对这堂课的自我评价是内容基本上讲完了,课堂也基本控制住了,焦虑控制得尚可,声音也还好;但是缺点也很多,比如基本上是照本宣科、缺乏拓展,没能引导学生积极参与,课堂秩序有点乱,讲英语也很不熟练,不自然。

　　在讨论中,贺老师对恬静初次登台的表现表示基本满意和理解。同时,她也请恬静仔细思考在自我评价中提到的课堂秩序和学生参与不积极问题。贺老师没有直接告诉恬静为什么会出现这些问题,而是问了恬静以下问题:

　　　　你记不记得,每当你播放的音乐超过一定时间的时候,学生会说话?还有同学们集体回答了你的问题,你却仍然请某个同学回答时,同学会讲话?你还记不记得有次后排有个同学多次举手,你没理他,他然后就和旁边同学讲话。(恬静 – 观察记录 – 20121024,课后讨论录音)

　　李老师则指出导入环节中《致爱丽丝》曲子太长,将近花了3分钟,不知道恬静花这么长时间听曲子有何教学目的?恬静回答说目的就是导出 classic music 和 Beethoven。李老师则进一步指出:"课堂教学中每一步都是有目的的,放音放 40 秒就能达到目的,就不需要放那么长时间，那是浪费课堂时间。"指导老师指出："这节课是语言课，不是音乐课，所有活动包括听音乐都是围绕学语言进行的，不能喧宾夺主。"苏雅说恬静的板书很少，还比较乱，是不是可以有 PPT 就不需要板书。贺老师则回应说，板书是必需的，但要精当有逻辑，留下整节课的重要活动的痕迹，以便给学生一条清楚的主线。

基于老师们和同学们的问题，恬静仔细回顾了自己上课时的情境，并把秩序问题归因为自己对学生缺乏关注、活动设计时没有考虑初二学生的心理特征。恬静接着问要是后排的学生说话了怎么办？贺老师说要是她上课，她不会只低头放录音，而是会隔段时间环顾一下全班，有时还要全班走动一下，并在后排停留一会儿。李老师说如果是那个说话的同学很急于表达自己的观点，她会停下来请那个同学谈他的观点。

回到寝室后，恬静观看了自己白天上课的录像，并重点关注贺老师提到的学生容易说话的片段。在观看录像后，恬静发现贺老师提到的自己对学生关注不够的情形很多——不关注学生对活动的反应，不关注学生参与和发言的意愿，忽视学生提出的疑问，忽视学生对某个单词不熟悉或不知道时表现出的回避。对于这些问题，恬静在思考后有了更深的理解和更深入的分析。恬静认为，自己并不是有意忽视学生的这些表现，而是自己当时只顾着把备课时准备的任务完成，只管自己的表现如何，同时又有些紧张，所以看不到学生的反应。恬静在日志中写道：

> 那时候，学生在我心中就像桌子和凳子一样，而我期待的却是学生配合，能表现的和我预期的一样。如果他们不是如我想象的一样，我就更加紧张，就想着快点跳过这一活动。而这样做的结果就是学生越来越跟不上趟，他们也就更容易出纪律问题。（恬静–日志–20121024）

在对自己的问题进行深入剖析之后，恬静在日志中用一个比喻谈了自己解决该问题的途径:

> 我自己上课就像新手开车一样，只顾着自己往前进，不管车上的乘客有没有不舒服或摔下去。以后开车时，我不能只盯着方向盘和档位看，而是要观察路况，注意乘客的反应。(恬静－日志－20121024)

在接下来的课堂教学当中，随着恬静焦虑的下降，恬静在关注学生方面做得越来越好，教学语言也变得更加流利和自然。但在11月期中考试前的一次复习课中，恬静的教学又暴露出新的问题。

贺老师建议恬静用一堂课的时间复习已经学过的所有时态，并重点关注 simple past present，present perfect 和 past continuous。对恬静来说，脱离教材和教师用书，完全靠自己确定教学内容和教学形式是一个不小的挑战。

恬静按以下程式上课:①呈现本节课要学习的五种时态的五个句子，并请学生说出每个句子的时态;②用汉语问学生每个时态的定义或用法，然后造句;③重点区分 simple past 和 present simple 的用法和意义;④区分 simple past 和 past continuous 的用法和意义。此外，恬静还给出了瞬时动词和长时动词的对比表，when 和 while 做连词时主句和从句的时态用法。

在这节课上，学生在恬静作出解释后经常提一些恬静认为"奇怪的问题"，例如"你说买是瞬间动词，那网购怎么办，网购你下订单后，还要等那么长时间再收货和支付，那网购的 buy 就不是瞬间动词了"? 这些问题让恬静手足无措，不知如何回答，恬静往往就强词夺理地说"习惯上是瞬间动词"或装着没听见。这样的结果是，学生对恬静的解释很不满意，很多学生转向在后面听课的贺老师求助。在下课后，某同学说："老师讲的我听不懂，反而还把我弄糊涂了。"

在回办公室的路上，恬静表现得十分沮丧。她对指导老师说："我真怀疑我自己，我是做老师的料吗？我本来以为我今天知识点准备得很全面，我和其他的老师一样是个称职的老师。但上课后，我发现自己连这些基本的时态都讲不清楚，他们听不懂我讲的东西，我还是个合格的老师吗？……怪不得有些学生开始不信任我了，他们在上课时还问他们自己的老师。"

在接下来的评课中，贺老师肯定了恬静在把握教学内容、教学重点和难点方面的进步。但贺老师也指出恬静在如何让学生掌握教学内容，如何解决重点和难点内容的学习问题方面的欠缺。比如说，恬静教学中对完成时和过去时的区别和联系这个难点讲解不少，但是效果却不好，甚至有反作用。贺老师认为出现这种问题的原因可能是恬静在讲解时有时候脱离语境，没有给学生体会一些和日常生活联系紧密的例句的机会，所以学生无法理解恬静的讲解。同时，贺老师指出这节课内容多而杂，加上在活动和活动之间的过渡环节处理得不够好，学生很难跟上老师的节奏。李老师则建议恬静讲解重点内容时节奏要放慢，给学生吸收消化的时间。指导老师则提出这节课如果使用学案是不是可以给学生一种引导，让学生知道本节课的结构和重点，也可以节省学生抄笔记的时间，而把时间花在理解和使用时态表达意义上面。

在评课时，恬静也提到大学里学了语法教学的基本原则：归纳法和演绎法结合、结合语境、注重结构在语言使用中的意义等，但是在课程设计时就是不知道如何贯彻这些原则。恬静也提到贺老师就很会结合语境，能很自如地就身边的事情用正讲解的结构造句子。

之后，恬静认真观看了自己的课堂录像，对老师们提出的问题进行确认和观察。在日志中，恬静对自己的课堂教学中存在的脱离语境、解释过多而学生动手参与过少、课堂活动过渡不顺畅等问题进行了深入思考。

> 做学生时的学和做老师时的教是不一样的。以前做学生时,虽然我考试时能做对大多数时态题,但我对这些时态的了解却不是彻底清楚,这些时态的用法并没有在我脑子里形成一个清楚的体系。做老师还是真不容易呀,我不但要知道一些规则,还得能知道这些规则之间的联系,以及这些规则背后的逻辑,还要能联系实际生活中的实例和语言。(恬静-日志-20121113)

难能可贵的是,恬静不仅思考如何从技巧上规避或解决这些问题,而且勇敢地剖析这些问题出现的深层次原因——自己对时态使用掌握得不够充分。

不难看出,恬静在合作教师的指导下,积极应对课堂教学实践中出现的问题并探索解决之道。在这个探索过程中,恬静积累了教学活动展开的技能,发展了知识处理和重难点呈现能力。

4.2　苏雅的专业学习图景

在教育实习场域中,苏雅积极参与了大量的教育教学活动,见表6。

表6　　　　　　　　苏雅教育实习活动参与汇总

教育教学工作	听教师课节数	听同学课节数	写教案份数	讲新课节数(不含重复课)/讲课总节数(含重复课)	批改作业份数(批改次数＊人数)	辅导
	15	13	10	10/16	27×70	18

苏雅不仅完成大学教师教育课程规定的任务，而且还额外增加了自己听课的节数并获得了不少机会参与额外的教育和辅导实践。

4.2.1　苏雅及其所在的专业学习场景

就读于某师范大学英语（师范）专业 2009 级免费师范生苏雅是一位蒙古族女孩。苏雅出生于内蒙古某城市的知识分子家庭里，虽然并没有过在一望无际的大草原上纵马驰骋的经历，苏雅身上还是有着蒙古族人的性格痕迹。苏雅说很小的时候自己就特别好强，无论在学习还是做事方面很少认输，总是要把自己最好的一面向人展示。此外，苏雅性格也十分豪爽，爱好交际，喜欢交朋友，乐意助人，每天也总是开开心心的。这种性格使苏雅整体上给人一种阳光、乐观向上的感觉。苏雅自己也认为这是她受同学和朋友欢迎的重要原因。

在学习方面，苏雅自认为不是特别刻苦，但是"成绩还是马马虎虎，过得去"。（苏雅 – 访谈 – 20120918）让苏雅自己比较得意的是她的英语成绩从初中起就一直不错，尤其是她的声音好听，发音标准，口语流利清晰，一直是英语老师的宠儿。进入大学的英语专业学习后，她进一步意识到英语口语表达能力的重要性，因此花更大的力气强化口语表达方面的练习。但是，苏雅也承认自己"仅仅是台面功夫不错"（苏雅 – 访谈 – 20120918）——说英语时表现力很好，实质上在深层的专业知识方面并不强，如系统的语言知识、语言分析能力和英语文学鉴赏能力。

苏雅一直以来都梦想着进入一所北京市的学校当老师。她知道北京的竞争特别激烈，因此她在外语教师教育课程的学习中十分认真。在英语教学类课程学习中，她不仅努力了解教学的基本原理、步骤，而且喜欢结合自己的学习经历思考如何在真实课堂中使用这些方法和步骤。她也提到自己对教师教育模块课堂里播放的课例和展示的教案特别感兴趣，从这些活动中了解了基础教育阶段英语教学的基本情况和发展现状，同时也认识到自己和"有经验"老师的差距。苏雅一直期待着自己能早点接触学生，憧憬着在自己的班里实践自己的所学所想，因此期盼着教育实习早日到来，盼望着在教育实习中亲身体验英语教学，向一线老师学习，获得更多的"实际教学能力"。这些就是苏雅实习前的主要学习背景和经历，从中我们可以了解苏雅的性格、素质等基本信息。

2012 年 9 月 17 日，苏雅来到 F 中学实习并被分配到高一年级，由"区希望之星"张老师指导。合作老师张老师是位经验丰富的优秀教师，她比较信任苏雅，对苏雅的课堂教学也很有信心，愿意把课交给苏雅上。同时，张老师在每次上课前都和苏雅讨论课堂教学设计和实施方面的亮点和不足，并能提供具体的改进策略或原则。但是，苏雅和年级组里其他的老师接触并不多，苏雅说："虽然大家见面挺多也挺友好的，但大家都特别忙，我和他们在英语教学方面交流的并不多"（苏雅 - 访谈 - 20121010）。在 F 中学的实习期间，苏雅视张老师为"自己的师傅，感觉自己和张老师很亲"（苏雅 - 访谈 - 20121010）；总是在旁边观察着张老师的一言一行、一举一动；愿意向张老师询问行为背后的动因；主动向张老师寻求帮助和求教解决问题的策略。在这种相互信任的关系中，苏雅不仅能够"信心满满"地参与教育教学实践活动；而且能接受张老师的批评，主动寻找自己的行为和表现中的问题，并且能够通过向合作老师求教或自我思考探寻问题的所在以及可能的解决之道。

苏雅所带班级是年级中的优等班级，学生的纪律性较强，各方面的成绩都不错，英语基础扎实，英语综合能力较好；而且因为是大城市的学生，其知识面广泛和拥有的特长给苏雅留下深刻的印象（苏雅提到过班上有一位学生喜欢用英语写诗）。但是，这些高一学生大多在 16 岁左右，呈现出一些阶段性特征：具有初步的自我意识，对世界已经有了一些自己的看法和思考；他们不再仅仅因为是老师提出的问题而作出积极的回应并发言，他们期待老师把讨论引向他们所感兴趣的领域和具有深度的层面。这些都让苏雅感到压力巨大。如何更好地满足这些学生的发展需要将是苏雅实习期间必须面临的艰难挑战。如何把课堂教学引向深层的思考，如何适应高中生思维发展阶段特征和需要成为苏雅一直思考的问题。

以上对苏雅所在实习场域的描述也展示了苏雅所处的专业学习中的关系网络。（如图 4 所示）

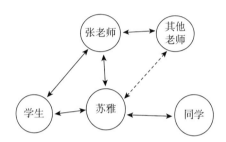

图 4 苏雅在实习场域中的社会关系网络

在这个关系网络中，张老师处于枢纽的位置，苏雅正是经由张老师与学生和其他老师生成联系。在实习场域中，张老师是苏雅的"师傅"，苏雅的教育教学活动都是在与张老师的协商中进行。另外，苏雅通过张老师了解一些学生的基本情况，由张老师把她介绍给学生，并在张老师的注视和帮助下与学生建立直接的联系。但是在苏雅看来，她和教研组里其他老师之间几乎没有直接联系，她仅能从张老师处了解到其他老师的一些教学信念和对教学内容的处理意见。但是，苏雅认为，她与同学们则"像同一个战壕的朋友"，与她们的交流和互动给了她勇气和智慧。

4.2.2 听课中的学习：学会从学生视角审视教学活动和理念

刚来到 F 中学实习，苏雅就被告知听课是了解高中英语教学现状和高中生的性格风貌、心理发展状况的重要途径。张老师表示了她对苏雅听课的重视，并邀请苏雅听她上的每堂课并给予她一些反馈。而苏雅也很期待着有机会了解这些北京的高中生,想看看北京的高中英语课是怎么上的,和远在内蒙古的母校高中阶段的英语教学有什么不同。

第一次听课时,最让苏雅感慨的是北京高中教学资源的丰富。一个教室里仅坐着40来个学生,而且其中还有两个外国人;而在她的母校,一个教室里通常满满当当地挤着80名学生。苏雅认为这样好的教学硬件条件很利于英语交际活动的展开,因此北京的高中肯定会要求老师更多地采用现代的教学方法,而不是她家乡的那种片面重视解题能力的英语教学。张老师讲课前就给出了学习目标的做法也让苏雅领略到大城市英语教学的不一样。而且,苏雅还发现张老师在平行班和重点班的教学目标也不一样,这就是大学教育教学课本上讲的因材施教。

> 这些都是我们教学法中学到的,而在我们传统的教学模式中是没有的,至少我所受的教学中没有这一项。可见,现在的老师都在努力实践新课标的要求,改变传统的教学模式。更让我惊讶的是,杜老师在重点班和平行班的 learning aim(学习目标)是不一样的,在重点班是 develop(发展),而在平行班只需要 know(了解)就可以了。而在具体的上课环节,课程的讲解顺序和讲解节奏是不一样的。(苏雅-日志-20120918)

同样让苏雅留下深刻印象的则是张老师流利的语言表达及其营造的活泼的课堂气氛。苏雅发现学生们的英语表达能力很强,知识面很广泛,讨论问题的观点和见解也很有深度。例如,一位同学在谈到现代科技时能表达出 "Science and technology is like a beast from the wild. If tamed, it brings us convenience and efficiency; if untamed, it causes us great pains and even destruction."

第一次近距离亲身观察高中英语课堂的经历让苏雅既兴奋又忧

虑。在日志中，苏雅写道：

> 以前，我看到的高中英语老师都是讲解语法呀，拼命督促学生做题，讲解各种题目呀，他们自己不快乐，学生也很郁闷；而在北京，我看到了新的英语教学理念活生生地存在于课堂中，英语老师能和学生一起在轻松而热烈的氛围中用英语表达自己的看法。（苏雅－日志－20120918）

　　苏雅为自己能在"大城市"的学校里采用新理念的英语教学方法教学兴奋不已，憧憬着自己也能和张老师一样，在课堂上顺畅地和学生交流自己的观点和看法，做一个自己快乐也让学生快乐的英语老师。但是，看到张老师近乎完美的表现和学生的优秀，苏雅又担心自己不能胜任这个班的教学工作；害怕自己不能像张老师一样调动学生的积极性。这种"忧虑着的憧憬"使苏雅把张老师当成学习的榜样，促使苏雅急切地想知道张老师是如何能这么优秀。苏雅在访谈时提到自己要"向张老师学习创新的教学方法，学习让课堂活跃起来的点子"。

　　可是在接下来的几次听课中，苏雅发现张老师的英语教学成功之处并不仅仅表现在外在教学形式上的新颖。在听张老师讲阅读课"A Volunteer Teacher"（支教教师）一文时，苏雅发现张老师阅读课的精彩之处并不仅仅因为把阅读分"读前""读中"和"读后"活动三部分。让苏雅敬佩的是张老师在设计阅读活动时体现出过程与内容、技能、知识点的统一。在"读前"活动设计和实施中，张老师不仅使用图片、录像、文字材料等导向某个话题，而且扎扎实实地利用这些材料教学生一些单词和表达法。最重要的是，张老师的材料往往引向一个和课文主题相关的"学生身边的问题"。这种问题往往能激起学生的好奇心和探索热情。这些发现颠覆了苏雅关于"读前"活动的理解。在此之前，苏雅把读前活动简单地理解为用"大量图片、视听或文字材料引入某个话题"的过程。苏雅在访谈时也提到，在大学的微格教学中，同学们"往往追求材料的好看性和视觉冲击力，为能找到那些 fancy（花哨）的材料沾沾自喜"（苏雅－访谈－20120926），却忽视了这些材料本身的语言教育和思维启导功能。

在"读中"教学方面，通过多次的听课，苏雅发现张老师的每一个活动都是指向某些阅读技能或者某项语言知识的应用。刚开始听课时，苏雅对张老师让学生阅读的行为——这种在她看来有点失水准的教学行为——感到很困惑。苏雅在日志中写道：

> 张老师让学生用 8 分钟的时间阅读"City and Country"（城市与乡村）中的文章。在那静静的 8 分钟里，我都替张老师担心。张老师什么都没干，在我们传统的教学观念当中，这是不负责任的……老师不能让教室冷场，得不停地讲，让同学们动起来，活跃起来……（苏雅－日志－20121009）

在课后的讨论中，苏雅在鼓足勇气后委婉地问了张老师让学生读 8 分钟这么长有什么好处。张老师说读几分钟是由文章的长度和难度决定的，读是为了给学生学习提取信息的能力，他们不但要读，还要完成学案上的表格填空。苏雅接着问，让学生读不会让课堂显得沉闷吗？张老师笑着告诉苏雅在上课时有时候不用担心沉闷的问题；然后又略微有点严肃地告诉苏雅说，上课并不是要一味地热闹，采取什么活动是由学生的学习任务和教学目标决定的，有些任务需要学生表达，有些任务要学生静静地阅读和思考。

张老师的课以及课后的"忠告"对苏雅有很大的触动。起初，苏雅认为优秀的英语老师就是能让同学们在课堂上活跃起来，让同学们展示自己；认为优秀的英语老师的课堂一直都是热热闹闹，充满着欢声笑语的。在听课后，苏雅才意识到自己以前对新理念的英语教学，现代英语课堂的理解十分浅显和庸俗。在多次的听课之后，苏雅领悟到现代英语教学理念提倡的做中学、体验式学习和交际教学并不等同于学生一直在用英语做游戏、用英语讨论和对话。新理念的英语教学更应该是在更深层次上符合语言学习和教学的规律，是教学目标和学习途径的统一。

学生在张老师"读后"活动中的卓越表现和配合一直是苏雅很羡慕张老师的地方。在听课中，苏雅一直很留心张老师的一言一行，希望能学到"几招"。但是，苏雅起初在听课中除了看到张老师口语流利表达流利外，并没有发现张老师有什么绝招，这让苏雅感到很困惑。在一次听高二年级某老师的公开课时，该老师的读后活动的课堂讨论并不是很成功。尽管该老师采用一些办法如小组比赛等方法鼓励学生表达自己的观点，但是学生仍然不是很踊跃；尽管有些学生很想配合老师，但是他们却讲不出有质量的句子。

在课后评课中，老师们就提到该问题，并指出课堂讨论活动不成功的主要原因：一是"读前"和"读中"活动的语言学习不够；二是开展讨论活动前的铺垫不够，学生在语言上没准备好；三是讨论设计出了问题，该问题不好回答，很难深入。在回办公室的路上，苏雅主动向张老师请教"读后"活动成功展开的秘诀。张老师告诉苏雅说今天评课的时候，老师们讲得很有道理，那些都是讨论活动设计的基本原则。但是对于 F 中学的高中生，张老师强调，除了要做到那几点之外，还要考虑到高中生的知识背景和思维发展水平。F 中学的很多高中生知识面很广，思考问题也很有深度，如果教师设计的问题仍然像初中一样仅仅涉及事实的收集和判断，他们很快就会失去兴趣；要引起他们的兴趣，讨论问题设计必须要有一定的深度。把课文上的信息指向深层意义，他们才愿意表达他们的观点，他们才能获得相应的发展。在和张老师的交流之后，苏雅认识到新理念的英语教学是建立在理解学生的基础之上，了解学生的学习需要之上。苏雅也意识到张老师的成功不仅在于她口语的流利和教学技巧的使用，更在于张老师对学生所处发展阶段的认识和学习需求的满足。听课让苏雅渐渐明白成功的老师不仅需要掌握新的教学技能，更要理解新理念教学的深层内涵。

在听课过程中，苏雅通过观察加深了对高中生身心发展特征、语言水平、兴趣等方面的认识。在此基础上，苏雅能够逐渐从学生发展的角度去理解课堂教学行为及其背后的理念。

4.2.3　作业编制和批改中的学习：技能发展与理念深化的相互促进

在 F 中学实习期间，批改作业是苏雅每天都为之奔忙的任务。还有一项任务是苏雅主动要来的——编制作业。起初批改作业在苏雅看来是"打杂"的活，"没什么意思，也学不到什么东西"。而"编制"作业对苏雅来说也仅仅是为就业增加一些砝码，因为这些作业最终会出版，苏雅也能在履历中提到自己具有协助编辑辅导书的经验。

但接下来的日子里，苏雅发现这些看似"琐碎"和"无趣"的任务中却蕴藏着大量的玄机和教学之道。实习最初的几天，苏雅会认认真真地把学生交上来的作业批改好，然后发还给学生。苏雅认为认真就是要严格按照参考答案标识学生的错误并改正。她的这种"认真精神"却遭到张老师的质疑。9 月 21 日上午，苏雅正要翻开学生的作业开始批改。张老师也坐下来和苏雅一块动手。张老师一边批改作业一边告诉苏雅没有必要每个同学的错误都进行改正，也没有必要每道题都进行改正。听到这句话，苏雅以为张老师怕她太辛苦，只是客气一下。但接下来，苏雅瞄了张老师正批改的作业却发现张老师确实有的批改得很详细，有些只是打个勾或叉，甚至有时候画上一个大问号。

张老师的作业批改方式让苏雅很不解，到底什么时候只给出标记，什么时候帮学生改正？琢磨了一通之后，苏雅认为显而易见的错误只做标记就行，而教学中的重点和难点错误就应该更正。苏雅向张老师求证自己的理解。张老师回答说，不仅如此，批改作业还得看学生，不同学生的作业用不一样的处理办法；成绩好的学生大部分只要标记一下，让他们自己找原因并订正；而成绩差的学生则要细心一点，要多给他们一些提示。

张老师的话让苏雅收获不小。苏雅第一次认识到原来这就是"因材批改作业，因题而异"。原来对苏雅来说抽象而空泛的"因材施教"在苏雅的认识中突然变得具体、清晰起来。苏雅也开始重新审视自己对"认真批改作业"的理解。她发现自己前几天的"认真"也许就让很多学生丧失了思考和动手的机会。这让她领会到老师做的每一件事，即使是批改作业这样的"琐事"应该是给学生创造学习、思考的机会，是指向英语学习的。

在接下来的作业批改中，苏雅开始琢磨如何在作业批改中因人而异，因题而异。苏雅尝试着对优生犯的主要错误仅提示错误，中等生的错误给予一点更正的方向提示，而差生的错误给予解题步骤或思想的指导。同时，苏雅在张老师所用的提示符号（主要是问号）的基础上增添了一些解题方向、解题步骤和思想提示的框架。令苏雅觉得鼓舞的是，学生对苏雅的创新接受度很高，大部分学生都能独立地完成错误的更正；张老师也夸奖苏雅在作业批改中的良苦用心。

作文批改是苏雅觉得最累、最难的任务。尽管苏雅对其他类型作业的批改已经十分娴熟，但如何把握作文评定的标准是个不小的挑战。在批改中，苏雅按照高中时自己老师的做法重点关注学生作文中的语法错误。而这种费神费力的工作却并没有让学生满意。很多学生在辅导时还是问苏雅他们的作文写得怎么样，该如何改进。苏雅意识到学生不满足于知道作文中语法的正确与否，而是要从老师的批改中获取更多的信息。

于是，苏雅找出张老师所批改过的作文仔细研究并向张老师请教。苏雅发现张老师所批改的作文信息十分丰富，除了总体的等级和语法错误信息外，张老师还会指出文章的结构问题，对信息完整与否进行评价。张老师也指出，对于高一的学生，文章的整体思路、逻辑和信息完整与语句合乎语法同样重要。教师批改作文时要重点关注整体文章的衔接是否自然，是否合乎逻辑，信息是否丰富。第二次批改作文时，苏雅开始关注整体篇章问题、内容和信息情况。苏雅学着张老师用简短的话评价文章的整体情况，并标出衔接、逻辑问题。一次，在批改作文中，苏雅尝试着把自己喜欢的句子标出来并写上自己很喜欢的评语。这次，发作业时苏雅注意到很多学生注视评语很久。苏雅觉得自己的一句鼓励的话对学生是那么重要。在反思日志中，苏雅写道：

　　我真的没想到学生们会对"我很喜欢这几句话"之类的评语反映（应）那么大……他们需要鼓励和认可……我只是表达我真实的感受……（苏雅－日志－20121015）

学生对苏雅在作文批改中表达真实感受的评语的反应让苏雅很震动。这也让苏雅认识到与学生"心贴心"交流的重要性。苏雅觉得与学生真诚地交流，真心地欣赏他们的进步能获得学生的信任和亲近感，能提升学生对学习的兴趣和热情，更有利于教学工作的展开。因此，在以后的作文批改中，苏雅会在批语中对一些观点进行评论和回应，对一些好的句子表达由衷的称赞。苏雅觉得自己在评价学生作文时就像在和他们就一些问题进行对话。学生对苏雅的努力和真诚也给予更加积极的回应，他们有时会在课余时间找苏雅老师继续探讨，有些学生甚至会再写一段话回应苏雅的评论。苏雅说这让她感觉到教学的乐趣和成就感，尽管这不是以讲台上上课的形式教他们。

批改作业的经历让苏雅加深了对作业批改功能的认识。苏雅认为，作业批改仅仅是评定优劣，但现在苏雅认为作业批改所提供的信息能为学生创造学习的机会，也是和学生交流所学内容和信息的重要渠道。

关于作业，苏雅还有另外一项任务就是编制作业。张老师给苏雅提供一些参考资料，请苏雅挑选一些习题进行改编。苏雅做得最多的就是把参考书上的选择题通过添加一些情境信息改编成填空题。苏雅对张老师的这种做法很不理解。张老师解释说，那些习题采用的是高考的样式，不太适合高一的学生；如果高一就做太多的选择题会让他们觉得学英语就是做选择题，和语言使用关系不大；同时，选择题对巩固学生所学内容的效果也不好。张老师还补充说会做填空题就一定会做选择题。苏雅第一次听到作业的题型原来还有这么多玄机。

在动手改编题目后，苏雅更加深刻地理解了张老师所说的话。因为，苏雅自己做这些选择题时并不难，但要补上情境却让苏雅"手忙脚乱地参考工具书，抓耳挠腮地思考"。苏雅体会到做选择题和补全信息之间在对学生的思维投入之间的差距。填空题要学生理解语境，完全弄懂整句话的内容，还要求能写出正确的语言结构。这些活动更能促进学生的语言学习。这让苏雅对高考和英语学习之间的平衡有了更深刻的认识——"学英语不仅仅是为了高考，能学好英语肯定能考好，但仅仅会考并不意味着学会了英语"。（苏雅－访谈－20121011）同时苏雅也对练习题的评判功能和促学功能有了更深刻的理解。苏雅说她一直以为高考题型是最好的练习题，以前的老师也是这么做的，到了 F 中学，自己亲身经历了习题改编才知道练习题主要目的是要促学，而高考题主要是侧重判断学生优劣的。

从以上的叙事中不难看出，苏雅在作业批改和编制的实践探索中丰富了反馈技能，并深化了对作业设计和功能的认识，发展了与之相关的教学理念。而且，在探索中，技能与理念的发展形成了良性的互动。

4.2.4　课外辅导中的学习：教学智慧在两难中的生成

在自习课、早读和午间,苏雅都要到班上监督学生做练习、背课文。苏雅很想利用这个机会了解学生、与他们建立紧密的联系。但是,苏雅在进学校的第一天就被告诫"要注意和学生的距离,要把握'良师'和'益友'之间的界限"。怀着满满的"期待"和些许的"顾虑",苏雅走向学生中间。

苏雅 9 月 19 日第一次独立走入学生中间行使监督和辅导任务时,就在安静的教室里引起了小小的波动。学生们大多好奇地打量着这位"实习老师",对老师投来善意的微笑;有些学生相互间窃窃私语着什么;个别同学说些类似有实习老师真好,以后可以自由了的话。对于这些,苏雅抱以大方的一笑,并请同学们继续做自己的事。学生们的懂事和配合让苏雅很开心,也更加坚定了苏雅和学生建立融洽关系的信心。

> 他们是高中生了,应该还是挺懂事的……对我很礼貌……也很配合我的,没有欺生……这也更让我想和他们做朋友了。
> (苏雅 - 访谈 - 20120919)

但是,事情远没有苏雅所憧憬的那么简单。几次辅导之后,苏雅发现学生们的配合是"礼貌性的,表面的,仅仅是意思一下"。好几次,学生们在自习课小声地聊天,苏雅的出现让他们的"会谈"马上停止,但是只要苏雅一转身和稍微站的离他们远一步,他们就重新开始。为了不给学生留下"打小报告"的坏印象而影响与学生的关系,苏雅没把这种现象告诉张老师和班主任。苏雅开始反思自己是不是不够严厉。但苏雅觉得自己从小就不喜欢过于严厉的老师,也不愿让学生"怕"自己。可是如何达到"良师"与"益友"之间的平衡,苏雅一直思索着,也在吃饭时问过同学和指导老师。讨论让苏雅了解到，良师除了和蔼可亲之外，还有一种威信。学生对有威信的老师应该更多的是敬，而不是"客气"。同时，指导老师和同学们说友好并不意味着在原则上的让步，不是做"老好人"；威信的获得更多地是建立在公平、敬业、负责以及认真沟通基础之上的。

指导老师和同学们的讨论与苏雅自己的思考不谋而合，苏雅很认同威信和友好不矛盾，更认同正是师生间友好的关系和对学生尊重是老师获得学生尊重的前提。很快，苏雅基于自己的理解探索处理纪律问题的新办法。当学生说话时，苏雅会像往常一样走到学生跟前，但同时苏雅会用手指一指其他同学，示意说话会影响其他人。同时，苏雅会真诚地问学生作业做得怎么样，并帮助学生检查一下英语作业的完成情况。很多时候，苏雅会给这些"捣乱者"特殊的照顾——和他们一起规划自习时间，辅导他们做作业，给他们讲解上课没听懂的地方。

苏雅的尝试获得了极好的效果，学生在自习时间说话的现象有了很大的改观。也有学生告诉苏雅说他以前说话更多地是因为没事可干，现在有事做了，反而觉得自习时间过得很快，也更充实了。而且这些学生对苏雅更加的热情，并开始信服这位实习老师了。这些经历让苏雅更深入地了解"不听话"的学生，对制造麻烦的学生也有了更深入的认识。苏雅在日志中写道：

> 他们还是孩子……他们制造麻烦，表明他们学习或其他什么地方碰到麻烦，而不是故意给老师制造麻烦……他们中很多人不是不讲道理的，他们知道我们是不是真的关心他们。（苏雅－日志－20121022）

同时，苏雅发现解决纪律问题要从帮助学生入手，而不是单纯地去约束和压制他们。威信和严厉并不是去训斥和疏远学生，而是建立在服务学生的基础上，是建立在负责任地解决学生的问题的基础上。也是在经历了困惑和尝试之后，苏雅才真正理解以前在大学里听讲座老师所阐述的"问题学生的问题，宜疏不宜堵"。

　　苏雅对自己的努力和尝试的成果十分满意。但是，苏雅发现另外一个问题解决起来却远远没有那么顺利。在监督早读和自习辅导中，苏雅经常发现本来应该用来背课文和单词、做练习的宝贵时间被一些同学用来看课外书。一开始发现这种情况时，苏雅很"生气"。因为这些学生里很大部分是优秀生，苏雅觉得他们这样做更不应该。苏雅一开始采取的"干预"很简单，请他们收起书做正事。这些学生很配合，收起书后拿着课本装模作样地看着。但是，苏雅发现这样的情况仍然会零星地发生。而让苏雅觉得更棘手的是，学生看的书很多都是和英语学习相关的英语读物。苏雅只好特意在下课后等一位女同学一起出学校并在路上询问为什么。那位女同学说自己看英文小说，一是觉得自己已经记住了课文和单词；二是想扩大自己的阅读量；三是对一些英文小说很感兴趣，读起来就不想放下。

　　了解到这些信息让苏雅更加处于两难境地。苏雅说:

　　　　他们的行为确实和学校的纪律不符，但是他们的确不是有意捣乱，也不是为了消磨时间，而是想学英语。而且，我觉得这种学英语的方法还挺好的，只是好像时间上有点不太合适……我真的不知道是要阻止还是随他们去。(苏雅－观察记录－20120926，谈话录音)

　　在这种矛盾中，苏雅不知道如何去应对这种自认为不是大问题的"问题"。但是，苏雅有时候担心自己是不是在纵容学生，甚至会有一点"自己是个不负责任的老师"的内疚感。苏雅把这个问题带到同学们的饭桌上讨论，但是大家都莫衷一是，有的说不该管，有的说最好管一下；都是凭着感觉的建议，没有什么充分的理由。

苏雅对这种现象只有采取"不鼓励，不粗暴制止"的态度。连续几次遇到这种现象后，苏雅尝试提醒一下学生是否完成了课内的任务和习题，有时候也告诉他们可以预习以后的课程内容。这种"干预"有时候确实会收到效果，但是苏雅疑惑这些学生是在真的预习还是仅仅出于照顾老师的面子在装模作样地预习。苏雅最害怕的是自己的好心却导致浪费一些优等生汲取课外知识的宝贵时间。

在注重规范，还是容许一定的学习自由之间，苏雅感到困惑和彷徨。苏雅承认自己内心里是崇尚容许学生在学习选择上有一定的自由，但是作为一个实习老师，苏雅觉得学校的规范也很重要。苏雅甚至开始觉得自己做了实习教师之后也越来越守规矩了，也开始认同守规矩确实有意义。

苏雅的困惑并没有随着实习的接近尾声而结束。她一直思索着学生自由和遵守规范之间的界限和平衡。她担心和忧虑着自己到底是在给学生自由还是在纵容学生。但是苏雅在内心相信学生只要是想学习，在学习，即使有些不合规矩也是可以原谅的。苏雅说"自己也不知道自己当了老师后会怎么做，自己这种已经有些动摇的信念还能坚持多久"。（苏雅－访谈－20121101）

在课外辅导中，苏雅遭遇了做"良师"还是"益友"的两难选择。应对这种两难局面的过程实质上反映了苏雅在教学策略选择，教学目标定位中的探索以及身份认同的建构。在这个过程中，苏雅的教学智慧——技能与信念的融合——开始萌芽。

4.2.5 备课中的学习：对课程标准、学生和活动设计认识的深化

备课和课堂设计是学习教学中的关键环节。苏雅从进入实习学校那天起就十分关注北京的老师如何践行新课程理念，因此对备课和课程设计环节十分重视。令苏雅感到十分幸运和感动的是，参与备课在她进入学校后很快就开始了。张老师十分客气地邀请苏雅在

备课中帮忙出出主意,查找资料和提些意见。

苏雅很珍惜自己给张老师备课"打下手"的机会,认为这是学习的好机会。她会先提前翻阅一下课本和教师用书,熟悉一下内容,做好充分的准备。很快,苏雅发现张老师和组里其他老师备课活动时总是从解读和分析课本上的内容、知识和技能开始,之后转向分析学生的情况并确定目标和重难点,最后一步才是课堂活动的设计。苏雅很快熟谙了这种备课流程。苏雅认为这种备课流程看起来很简单,教学法课程上也提到过。但是,苏雅在以前模拟教学时总是浏览一下课本,很快就进入课堂设计;对于如何进行教材分析,如何进行学情分析,苏雅却不甚了解。苏雅在反思日志中写道:

> 做学生时,以为教材分析、学生分析只是个过场……自己动手时就抄两句话写上完事……内心也不太信这种分析真有什么作用。(苏雅-日志-20121011)

通过亲身体验教材分析和学情分析,苏雅熟悉了其流程,也见证了分析结果的丰富内容,并从内心上认同了备课中教材和学情分析的重要性。

苏雅听到很多同学和一线老师质疑有多少老师愿意并且能够在课堂中贯彻新课程的理念和要求,苏雅对这也持怀疑态度。在参与备课活动中,亲历的"对标"活动让苏雅关于新课程实施的观念有了深度的改变。第一次参与备课时,张老师在设计完课堂活动后说我们来对标吧。苏雅对什么是"对标"一无所知,只能茫然地点点头。张老师翻出《普通高中英语课程标准》,说看看我们设计的任务目标是不是符合课程标准中的目标,是不是能达到课标的要求。接下来,苏雅发现,张老师把设计的每项课堂活动和课程标准中的目标进行认真比对,仔细分析活动设计的出发点是不是和课程标准相符，活动是否能达到课程标准的要求。对于那些不符合课程目标的活动，即使设计得很华丽，材料十分丰富，趣味性非常高，张老师也会着手进行修改甚至毫不犹疑地删除；对于那些目标指向学习的活动，但是铺垫的不够的活动，张老师则会认真地从时间、节奏、材料等多方面着手进行修改。

张老师每次备课都会认真地做"对标"活动，苏雅也会在边上认真地思考，对张老师做的分析也会追问为什么。这些在实践中的亲身体验让苏雅确信新课程在现实中还是有老师在实践和坚持的，这也给她以后坚持新课程理念树立一个榜样。在体验中的反思让苏雅看到教学目标的重要性的同时，也令她注意到即使是有经验的老师在设计教学目标时也容易"跑偏"。苏雅在访谈中说：

> 以前学习的经历似乎告诉我新课程都是骗人的，是应付检查的……在大学听□老师课后，我仍很怀疑……现在就觉得还是可行的……以前老师说目标设计什么的，我觉得很简单，总认为目标肯定会正确的……现在才亲身体会到目标设计的微妙之处……以后也会在自己教学设计中时更加注意教学目标问题。（苏雅－访谈－20121012）

尽管苏雅从为张老师备课"打下手"时获得不少的感悟和很多的具体经验，但苏雅在真正着手备课时还是没有她预期的那么顺利。在"约课"成功后，苏雅就全身心地扑到备课工作中。到了独立备课时，苏雅才发现学情分析不是想象的那么简单。在苏雅看来，预测学生的难点和重点几乎是不可能，她觉得新东西就是难点，以至于第一次备课时，她自己都被知识点和活动的数量吓到。例如，在设计关于描述英雄的形容词时，苏雅把书上的所有单词都进行详细处理。张老师则告诉苏雅不能平均分配时间和精力，要站在学生的立场上去看哪些词汇复杂，哪些词汇简单点，然后重点操练复杂的词汇,简单词汇则一笔带过。但苏雅还是拿不准哪些词汇要详细处理,哪些词汇可以简单处理。张老师则手把手地教苏雅分析这些形容词。Calm 虽然很短,但很常用,在讲课时要特别注意设计它前面出现的系动词的多样化,persistent 虽然长,但大多数时候只是做修饰语,处理起来反而可以简单些。苏雅意识到预测重点和难点是可以从语言点本身着手,而且要深入语言应用和语境层面看问题,不能仅看一个单词由几个字母或音节构成。同时,苏雅也意识到教学设计还是要落实到具体的知识点和技能上,不能满地撒网。

在上了几次课后,苏雅发现自己对重难点的把握仅仅是一种推测,不可能百分之百地精准,很多时候学生的疑惑点会突然间蹦出来。发现这种情况之后,苏雅在备课时就多了一个心眼,她会准备一些"备胎",以备不时之需。苏雅在设计一些单词的活动时会注意一下词义辨析,以备在上课时当学生感到困惑时拿出来"救场"。

另一个让苏雅感到纠结的就是在设计课程时如何调动学生参与的积极性。到底什么材料能激发学生的兴趣,什么活动学生愿意参与,苏雅一直拿不准。尽管苏雅越来越认同新课程理念,也看过张老师在课堂上的精彩表现,但是在设计课堂教学时,苏雅还是习惯性地设计很多知识点讲解、造句和操练活动。张老师看了两次苏雅的教案设计后和善地提醒说达到教学目标的手段不仅仅是老师的讲解和操练,你要让学生去体验语言,去为课堂做贡献。

苏雅觉得还是难以理解张老师的话,一是苏雅害怕自己在课上不讲解的话,学生学不到东西,具体的知识点和技能也落实不了;二是也不知道如何让学生体验语言并为课堂做贡献。苏雅又把这个问题带到午饭的饭桌上。同学们的回应说在备课中也遇到类似的问题并有同感。如何在落实知识点和技能的同时,又能放手让学习者体验和积极参与实践成了她们共同的困惑。回到办公室后,苏雅向张老师借了之前的教案参考学习。苏雅也就自己的疑惑向张老师请教。张老师让苏雅先看看她所设计的造句和苏雅设计的造句有什么不同。苏雅发现，张老师的造句并不是采取让学生翻译句子的方法，而是会给出一些图片和情境，有时还会给出句子的主要结构，让学生把句子说出来或补全。注意到这个细节之后，苏雅确实觉得张老师的造句活动给了学生更多的自由，学生有了更多发挥的空间，而且图片、情境的提供让学生也觉得更真实。张老师接着告诉苏雅知识点落实与给学生空间不是矛盾的，如果能给学生的想象力一点空间，反而更能促进他们的参与。张老师讲的并不多，但是苏雅却好像突然间有了豁然开朗的感觉。苏雅发现让学生体验和积极参与并不是否定教师的功能，而是要教师设计学生参与的条件，引导学生通过完成某个活动而学会语言知识和技能。

从本节中有关苏雅参与课堂教学设计的实践轨迹和心路历程的叙事中不难看出，苏雅在行动中的模仿和思考加深了她对课程标准和学生的理解，深化了她对课堂活动效率的认识，并发展了学生、课程标准和课堂活动相统一的课堂活动设计理念。

4.2.6   课堂教学中的学习：回应具体问题中的教学实践探索

在憧憬和焦虑的交织中，苏雅盼来了真正意义上的登上讲台为学生讲授英语课。为了上课，苏雅尽管已经在心理上和行动上做了充分的准备，但要登台时，苏雅还是有些不安。苏雅说，教书毕竟关系着学生的前途和命运，也关系着自己的面子；同时，苏雅也期待着在上课中检验自己这段时期以来的学习成果。正是在这种憧憬、焦虑和责任感的交互中，在亲身参与课堂教学和检视学生对自己的教学的反应中，苏雅获得了对教学、对自己的更深入的认识。

第一次上课时，苏雅先在一个空教室里现场模拟了一遍，把上课的台词也进行了精心的整理。进入教室后，苏雅按照计划首先做了自我介绍。但苏雅的介绍采用了一种新的活动形式，苏雅把自己的信息和他人的信息混合成一系列 statements，然后请学生推测 statements 的真伪并说明理由。学生们的积极参与、富有新意的理由、偶尔的追问，以及苏雅对信息的补充增进了他们之间的了解和信任，还有那时不时发出的笑声拉近了苏雅和学生的距离。

　　但是接下来的课堂却远没有预期的那么顺利。苏雅按照事先设计好的步骤引导学生回忆上一堂课讲过的英雄。但是，学生并没有如苏雅期待的那样覆盖了上节课学过的主要语言、内容和观点。学生们的回答在苏雅看来逻辑性和准确性方面都不是很好。苏雅说："当时我感到有些失望。"（苏雅 – 访谈 – 20121016）苏雅对学生给出的不太合乎预期的回答做了一些简单而违心的评价——"good"。苏雅没有对学生出现的意料之外的问题进行处理，也没有理会学生们脸上的些许迷茫，而是为了达到计划中的效果，苏雅不断地寻找成绩好的学生来做陈述。此外，对于已经准备好的心目中的英雄那部分，苏雅十分"详尽"地、滔滔不绝地讲了她心目中的英雄，尽管"有些学生的坐立不安和说话"已经表露出了他们不耐烦的情绪。

　　接下来的听力和阅读活动中，苏雅也基本上重复了不理会学生的反应，严格按照自己的计划执行教学步骤，重复点几个好学生来撑场面的局面。其实，苏雅也"发现学生们的参与程度越来越低，对活动也开始消极对待，对于她的提问，那些好学生也因为太多次的参与而不好意思回答了"。（苏雅 – 访谈 – 20121016）苏雅"只好硬着头皮继续讲下去，在失望和懊恼中等待着那救命铃声的到来"。（苏雅 – 访谈 – 20121016）

　　下课后，苏雅情绪十分低落。张老师则开玩笑说，作为初登台的菜鸟，讲得还是可以的，如果你第一次就讲得很精彩，我们这些已到中年的老师不就都要下课了。张老师接着夸奖了苏雅在把握连接课堂各个活动主线、紧扣教学目标和课文主题方面的良好表现。而且，张老师反复地说上课出现些问题是正常的，再好的老师上课都存在问题，慢慢调整就好了。张老师的幽默、宽容、鼓励以及对苏雅讲课中亮点的挖掘，使苏雅的内疚、自责、羞愧减轻了不少。苏雅也渐渐地从自己的低落情绪中走了出来。苏雅在日志中写道：

> 失败之后，悲伤和难过是没有意义的，只有从悲伤和难过中站起来，去面对失败，去寻找失败的原因才能获得进步。我不要失败后的眼泪，我要进步后的微笑。（苏雅－日志－20121016）

在接下来的评课中，张老师问苏雅觉得课堂上什么让她最不安。苏雅说了两点：一是她期待学生积极参与，也期待着他们的精彩表现，但是现实却让她很难堪；二是出现学生回答问题时表现不佳等问题时，不知道如何应对。接着，张老师问苏雅是否清楚出现这种问题的原因。苏雅把出现上述现象的原因归因为对学生水平的不合理期待。张老师说备课时没有正确地预估学生的水平不要紧，最重要的是发现估计不准的时候能做什么，而且谁也不能精确地估计学生回应的表现。张老师还提到苏雅点名时总是在几个好学生中间挑来挑去，应该扩大点名的范围。

评课中的谈话引起了苏雅对自己课堂中行为的关注。苏雅仔细回忆了课堂上的细节，并观看了自己的课堂录像。苏雅说自己对学生有不现实地期待知识表面现象，其实当学生表现不够好时自己想的是如何找一个好学生来顶上，让自己的课好看。那时候，没有想怎么处理这种问题，也不知道如何处理。苏雅勇敢地剖析了自己总是点好学生来回答问题时考虑的是课堂好不好看，让好学生来给自己"撑门面，挣面子"，并没有关心学生的学习。除此之外的另一个原因就是自己不敢偏离自己准备好的台词，不敢尝试引导学生不断修正自己的语言和观点。这种害怕让苏雅机械地沿备课路线图前进，因此也丧失了和学生就重点问题进行对话的机会。

除此之外，苏雅还发现张老师在评课时没有提到的另一个重要问题。在讲解自己精心准备好并认为十分重要的知识和技能时,苏雅没有顾及学生的反应和情绪,而是一味地照本宣科地把准备好的东西和盘托出,导致很多时候讲解显得拖沓和啰唆。这种"啰唆"和"详尽"往往导致学生走神和烦躁,往往起反作用。苏雅很羡慕优秀老师具备的"点拨"能力——用简洁的语言解释复杂的问题。苏雅很希望自己也能有那种"点石成金"的能力,而不是通过往往使学生觉得啰唆和唠叨的详尽解释来解决重难点问题。

对自己课堂表现的密切关注、仔细剖析,甚至是对一些"行为背后的自私想法"的揭露让苏雅领悟到课堂教学中围绕着教学目标和课堂主线随机应变的重要性。她决定在以后的课堂教学中与学生对话,认真倾听学生的观点并作出有助于学生学习的反应。

接下来的几节课,苏雅仍然会在课前准备台词和预演,但在上课中苏雅会仔细倾听学生的回答,特别留心学生的反应。在 Christopher Reeve(克里斯托夫·里夫)一课的读后活动中,当一个学生对 Christopher Reeve 的评价比较散乱时,苏雅努力通过"Do you mean that…"来帮助学生理清思路,并时不时帮她添上连词组织语句。尽管苏雅的反应还稍显迟钝,尽管这样做会使课堂节奏慢一些,也会给人一种不是很顺畅的感觉,但学生的参与和发言却更踊跃了。

但是问题并没有因此而终止,相反,老问题还没有彻底解决,新问题却在苏雅的课上不时出现。苏雅在上课时,有时候学生会突然间微微一笑。苏雅感到有些莫名其妙。苏雅很想知道原因,但又不能去问学生笑什么。下课后,苏雅跑去问学生笑的原因,学生支支吾吾地没说。苏雅只好回办公室看录像,但也没发现什么纰漏和值得可笑的地方。直到第三次上课时,学生在回答"Good morning!"时模仿她的发音时,苏雅才发现可能是自己的发音出问题了。下课后,苏雅才知道自己还有个雅号叫"Miss Morning",因为苏雅总是把 Morning 说成 mooning。苏雅才意识到自己说话时一不注意就容易把/o/发成/u/。这件"雅号"风波之后,苏雅在说英语时就更加谨慎自己的发音了。而且,苏雅也听从了张老师的建议,每天练一下发音和口语。

随着对上课流程和学生课堂反应的熟悉以及和学生之间配合得更加密切,苏雅对自己的课堂表现要求越来越高了。在讲授 Wellington and Aucland(惠灵顿与奥克兰)这一课时,苏雅发现学生很快也很顺利地完成了自己设计的以信息提取为主的阅读活动。读后活动也是围绕着基本信息。一节课的内容包含的都是一些事实和风俗,很多学生在上了半节课之后开始变得不耐烦和倦怠。苏雅自己当时也感觉到有些烦,但是她临时又不知道如何把课引向更深的层次。这让苏雅十分懊恼。下课后,苏雅在评课时主动自我批评在文化深度方面挖掘不够,也坦承自己在文学、文化方面有短板。张老师鼓励苏雅说她自己做得也不是很好,可以慢慢地积累文化和文学知识,提高修养。但是,苏雅还是认真地思考了如何把课堂活动引向深层意义。苏雅打算在下次课用 20 分钟尝试一下用开放性问题和相关阅读材料结合的办法。苏雅提出开放性问题——what people can gain from traveling around Aucland? 同时,苏雅给学生提供了关于 Aucland 的短文、作文、课文的补充并要求同学们做 presentation。学生们有了短文的引导和自由发挥的空间后,学生从历史、习俗、教育、艺术等不同的角度谈论了 Aucland 给游客留下的印象。学生的思维活跃和知识的丰富让苏雅大吃一惊,同时苏雅也觉得把课堂引向深入除了要有引导之外还必须要信任学生,给学生思考的空间和时间。尽管苏雅对提升课堂教学深度的策略和途径仍然很模糊,但是她已经"尝到了甜头并将继续探索下去"。(苏雅 - 日志 - 20121115)

苏雅的课堂教学实践参与图景展示了她在课堂教学预设和生成张力中的积极探索。这种探索以回应课堂教学中的问题为出发点和落脚点。在此探索过程中,苏雅在合作教师的帮助下反思问题背后

的缘由，并尝试在教学中引导学生积极思考并努力用英语表达自己
的观点和看法。

4.3　洋洋的专业学习图景

在教育实习场域中，洋洋所参加的教育教学实践活动与恬静和
苏雅相比要少（见表 7），这主要是因为洋洋很少主动地争取学习
和实践的机会。对于洋洋来说，按照大学实习课程规定完成相应的
种类和时长的教育教学活动获得相应的学分就行。

表7　　　　　　　　　　洋洋教育实习活动参与汇总

教育教学工作	听教师课节数	听同学课节数	写教案份数	讲新课节数（不含重复课）/讲课总节数（含重复课）	批改作业份数（批改次数×人数）	辅导
	15	3	10	7/13	11×205×80	3

4.3.1　洋洋及其所在的专业学习场景

洋洋是位个子娇小的南方女孩。她聪明伶俐，从小点子就特别
多，动作麻利，做事和说话的节奏都比较快。同时，洋洋性格开朗
乐观，为人处事大方得体，能歌能舞，是一个大家眼中比较"潮"
的女孩。

在学习方面，洋洋的学业成绩一直都相当优秀，尤其是英语、
语文等文科课程。她很小就开始学英语，对英语学习有着浓厚的兴
趣，学校里组织的英语背诵比赛、配音比赛等活动都有她参与的身
影。在基础教育阶段，洋洋打下了扎实的英语基础知识和基本技
能，掌握了漂亮的发音和一定的语言表达能力。

2009 年 9 月，洋洋进入某师范大学的英语（师范）专业学习，

可是她并没有像大多数同学一样怀着成为大学生和准教师的欣喜和憧憬，而是"有着一种从内心深处升起的不甘和淡淡忧伤"。（洋洋－访谈－20120918）洋洋对以后要成为一名英语教师完全没有做好心理准备。她觉得当英语教师"意味着整天对着一群不懂事的小孩，日复一日地重复着备课、上课和批改作业这些琐碎的工作，十分枯燥；缺乏挑战性"。（洋洋－访谈－20120918）但是，这并没有影响洋洋大学阶段的英语学习。相反，洋洋暗自计划在毕业后去国外留学，因此在日常学习中更加努力地训练自己的英语听说读写技能，一直为"能说一口漂亮和流利的英语"而努力。洋洋在大学期间也读了不少英文报纸、杂志和小说，积累了丰富的西方文化知识和理解，培养了一定的文学鉴赏力，也锻炼了她的语言分析和理解能力。

在英语教师教育类课程学习方面，洋洋坦诚"并没有认认真真地投入全部精力去学习，尽管老师们上的课很精彩也很实用"。（洋洋－访谈－20120918）为了学业成绩，洋洋按部就班地学习了英语教学中的基本概念，熟悉了英语教学的一些基本流程。但是，她很少把这些学习和她自己做学生的经历联系起来，很少去思考为什么这样做，而是认为到时候就直接把教学法等课程里学到的照搬到以后的教学中去就行，甚至有时候内心认为"教学就是一种挺简单的程式化的行为"。对于实习，洋洋并没有什么特别期待，但是她还是觉得有一定的压力，"毕竟教不好书会耽搁学生，这样会良心不安的"。（洋洋－访谈－20120918）因此，洋洋认为她自己在实习时还得表现的差不多，要负点责。

2012年9月17日，洋洋和同学一道来到F中学实习。在F中学，洋洋在教育实习的实践参与中生成了一个基于专业学习的社会关系网络。（如图5所示）在这个社会关系网络中，邹老师始终起着重要的桥梁和中介作用。邹老师是英语学科教研组长、区学科带头人，对英语教学有着深刻的理解和认识，有着丰富的英语教学研究和带教实习生的经验。邹老师对洋洋的英语素养十分欣赏，因此也对洋洋上好英语课较有信心。同时，邹老师对洋洋的上课准备要求较严，给了她很多十分精细化的指导，但是邹老师也乐意听取洋洋上课的想法并给了她很多鼓励。洋洋和组里面其他老师的交流不是很多，但邹老师会带她去听一些其他老师的课，这样洋洋就获得和其他老师交流和学习教学的机会，但是这种交流还是比较拘谨的。在洋洋看来，同学们在由实验室改成的实习生临时办公室一起讨论备课、讨论教学中的问题，相互倾诉是最民主和自由的时刻；在那里，她们的问题更加犀利和深刻，有时候还会讨论教育中深层次问题，尽管往往仅是提出更多的问题而非解决问题。

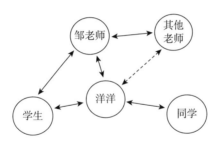

图5　洋洋在实习场域的社会关系网络

洋洋和所教班级的学生关系十分融洽，尤其是女生把她当成大姐姐看待，有什么话也愿意和她讲。但是，洋洋能感觉到学生们并不真的认为她是老师，而是更多地把她看成是为邹老师帮忙的学习辅导员。而且，洋洋在他们面前也没有足够的威信。

4.3.2　听课中的学习：初识英语教学的复杂性

初到 F 中学，洋洋本来抱着能逃避就逃避的原则，但是在邹老师的多次邀请下，以及同学们每天忙碌的刺激下，洋洋有些不情愿地走进教室听课。洋洋认为听课无非就是看看教师在课堂上如何执行教学计划，提前感受一下中学课堂教学氛围。

第一次听课，洋洋拿着一本雅思词汇手册和一个笔记本走进教室，在教室后排靠墙坐了下来。听了一会儿课，洋洋就觉得有点索然无味，因为在洋洋看来，"这些高中的知识点不是很难，自己去教这些知识也完全能应付得过来"。（洋洋－访谈－20120920）坚持了一会儿，洋洋开始时不时地偷瞄一眼词汇书。第一次听课就在洋洋的漫不经心和偷瞄中结束。下课后，在洋洋和邹老师一起回办公室的路上，邹老师问洋洋感觉怎么样，有没有一些建议。洋洋稍微沉默了一会儿，然后说感觉邹老师的课很流畅，师生之间的关系十分紧密，互动很多。邹老师笑着说这么多优点呀，我自己还真的没什么感觉。你能不能具体说说我和学生互动的情况。洋洋支支吾吾地说了邹老师很喜欢提问，而且学生回答问题的积极性也很高，这在高二是很难得的。接着，洋洋红着脸说自己没仔细分析。

回到自己的办公室，洋洋和指导老师聊天时说，没想到邹老师这么认真，把我听课中纯粹是感觉的东西都认真对待，看来我听课还是要认真些；我下次听课时还是要聚焦一下今天我提的互动问题。

第二次听课时，洋洋总是随身带着的雅思词汇手册没有出现。这次，洋洋提前到了教室，并把座位移到后排学生的边上。洋洋认真地记录着邹老师所提的问题以及学生的回答情况。同时，洋洋注意到邹老师每次提问题后给学生留的思考时间也有差异。这次下课后，洋洋主动向邹老师汇报了听课的情况。根据观察和整理，洋洋发现邹老师提问时用的句子都是完整的句子，而且也尽量引导学生用完整句式回答。而且，邹老师总是能够引导学生就阅读文本中的信息提出问题，也就是说邹老师很多时候是用问题引出学生的疑问和新问题。更令洋洋吃惊的是，邹老师能调动学生之间相互回答问题的积极性，因而，很多时候学生之间也会有交互产生。邹老师很真诚地肯定了洋洋的观察和分析，并告诉洋洋，自己引导学生对某些信息提出质疑，主要是想把阅读引向更深的层次。

这次听课后,洋洋开始对课堂教学有了新的认识。洋洋不再认为教学是很简单的事情,她在日志中写道:

> 观察邹老师和学生之间的互动让我发现原来提问也是一件复杂的技术活……邹老师在提问时的等待,故弄玄虚原来都是有教学目的的。(洋洋-日志-20120921)

在接下来的听课中,邹老师都会提醒洋洋关注课堂教学的某一方面,而洋洋也会比较认真地做好相应的观察记录。通过观察,洋洋发现在课堂教学中,多媒体的应用并不是为了让课堂增彩,而是要服从教学目的的需要。在材料选择方面,邹老师总是要求"学习性优先,趣味性是为了促进学习,而不是选择材料本身的目的"。(洋洋-反思-20121010)

让洋洋印象最深的是邹老师在试题讲解课上的卓越表现。洋洋以为,试题讲解无非就是对答案,然后解释一下原因。但是,在听了邹老师的课后,洋洋发现对答案和讲解试题的难度还不小。一堂课下来,要处理完那么多试题,本身就需要老师充分利用每分钟时间。邹老师首先让学生挑选需要讲解的题目。然后邹老师会在讲解过程共追问学生这些题目难在哪里。然后邹老师会与学生对一下答案,然后再问学生还有哪些题目需要解释,最后邹老师才补上自己觉得需要讲解的题目。除此之外,邹老师讲解题目时,总是能联系课堂内已经学过的知识点和高考考过的试题。在听课后的讨论中,邹老师告诉洋洋,尽管现在新课程强调学生综合语言应用能力的培养。但是,这并不意味着考试能力不重要,而是要求在学生发展学生能力的同时兼顾他们的考试成绩。这就要求老师用好有限的时间帮助学生解决考试中的问题,这不是题海战术,而是兼顾学生的实际需要,否则学生不信服你。

邹老师的解释让洋洋明白,好的英语课堂就是要满足学生的学习需要，以促进学生的学习为目标，如何讲解、如何应用资源这些问题都离不开学生的学习需要。在听课的过程中，尽管洋洋关注的问题往往是教学技能，但是洋洋也从邹老师的谈话中领悟到课堂教学的基本原则。

从本节中有关听课活动参与的叙事中可以看出，洋洋在合作老师的影响下，逐渐认识到英语课堂教学的复杂性，并在观察和反思中初步发现英语教学行为和技能与教学理念和原则之间的表里关系，体会到教育目标的多元性和复杂性。

4.3.3 作业批改中的学习：在模仿和思考中发展技能和理解

在中学时代，洋洋每天都要被迫在题海中"挣扎和煎熬"，洋洋对此至今都心有余悸。进入实习学校，洋洋希望北京的高中生没必要做那么多作业，也希望批改作业不要浪费自己太多的时间。进入 F 中学的第一天，邹老师就告诉洋洋高二的作业主要是以抽查为主，需要一本一本地改的作业不多。这总算让洋洋放心了不少。

第一次抽查作业，邹老师请洋洋帮忙把每本作业翻一遍，检查一下，看看学生做作业的态度，然后抽四分之一批改。洋洋迅速地把作业翻了一遍，主要是看看学生做没做完习题。然后，洋洋很机械地把抽查的作业批改完——对照答案，对的画勾，错的画叉。洋洋把批改好的作业交给邹老师时，邹老师很亲切地说了谢谢，然后问洋洋学生们作业完成得怎么样。洋洋检查作业仅关注了学生是否完成，因此只好说大部分同学做完了；抽查的同学做得还不错，错误率不高。邹老师接着问，学生们的阅读题主要错了哪些呀。洋洋只好有点不好意思地说刚刚没注意。邹老师一边说没关系一边自己动手查看。邹老师还时不时地在一张纸上记着学生错误较多的题。过了好一阵子，邹老师抬起头对洋洋说，他们错的比较多的是阅读中的推断题，这方面我们还是要找机会弥补，另外出乎意料的是，有一道题错的不应该呀，他们怎么那么多人做错了，明天上课前问问他们为什么。

邹老师的认真让洋洋感到十分尴尬,同时邹老师对学生错误的统计和分析也给洋洋留下深刻的印象。洋洋以前总是简单地认为教师改作业就是看看对错。而邹老师的分析让她亲身体验到如何从学生的作业中获取学生学习的信息并为将来的教学做参考。

接下来,洋洋不敢对作业批改掉以轻心,她会比较认真地收集学生作业中反映出来的信息——学生课堂中所教知识的掌握情况,他们的错误体现了什么问题。而且,在作业批改和分析中,洋洋对高中考试的题型也有了一定的了解。在和邹老师一起谈论高中作业时,邹老师也谈到虽然新课程不提倡题海战术,但是必要的做题对高二学生是必需的,关键是布置的作业既要和课堂教学相关,提高他们的综合能力,也要关注他们以后考试的问题,让他们在学习中熟悉考试的题型,训练他们阅读的速度。

洋洋虽然不能完全理解邹老师的话,但是从邹老师布置的作业中也发现,邹老师布置的阅读理解题虽然是考试的形式——以选择题为主,但总是和课文中的相关话题相联系。洋洋记得自己当时读高中时,老师总是选择和课文内容联系不大的高考模拟题,因而同学们不太愿意花时间在课文上,很多同学甚至觉得课本上的东西没用。

此外,洋洋实习期间还帮邹老师批改过五次作文。有了前几次批改作业的教训和经验,洋洋在批改作文前仔细询问了邹老师在批改作文中要注意什么。邹老师告诉洋洋批改作文的主要目的是让学生知道自己的问题出在哪儿,可以从哪些方面提高,因而最重要的不是给他们什么等级,而是要发现他们的主要问题。

洋洋一边改作文,一边琢磨邹老师的意思。洋洋试着回忆自己在大学期间老师如何评价作文。洋洋记得老师总是从作文的内容、宏观架构和语言细节三个方面点评作文。洋洋打算尝试从这三个方面分析学生的作文,看学生的问题主要出现在哪。接下来改作文时，洋洋发现 F 中学生的英语底子不错，语言表达方面的语法问题不是特别突出，但是整篇作文的衔接方面还是有待提高。另外，很多同学写作文时过于 ambitious，很想表达过于复杂的概念，因此表达起来会有词不达意的现象。

在仔细分析和思考之后，洋洋把学生作文中反映的主要问题分为三类：基本语法表达问题多；衔接欠佳；思想太复杂，不能准确表达自己的观点。并在学生作文上详细地画出问题出现的地方。邹老师对洋洋的尝试特别满意，称赞洋洋的方法给了她自己一些启发。邹老师说她也可以尝试一段时间解决一个问题。但是，邹老师说洋洋发现的学生思想太复杂，以致表达不出来这个问题，实质上有可能是学生不能理清自己的思路，这也就是说要让学生学会在写作前做规划。邹老师还说，看问题有时候要换个角度，说学生太ambitious，有可能会误导学生，有时候学生会认为老师是不是让他们回避实质信息，在作文中挑简单的话说。邹老师的提醒让洋洋有一种震动的感觉。确实，洋洋觉得学生不要尽力去表达深奥的观点，挑简单的话按套路说就行，就能得到不错的分数，但是邹老师却能从学生发展的角度找出更好的解决办法。

从作业批改中学习的图景实描中不难看出，洋洋通过模仿合作教师的行为积累了不少作业批改技能，并在具体情境中加以创造性地应用。在实践探索中，洋洋获得了与高考相关的知识，深化了她对作业、考试、教学、备考之间的复杂关系的理解。

4.3.4 课外辅导中的学习：学会从学生的需求审视"答疑"

洋洋知道在中学，课外辅导是老师的一项重大责任。但是，当听到指导老师说最好要多去教室辅导时，洋洋还是感到十分的不情愿。第一次"下班"辅导，看到学生都在埋头做作业或看书，洋洋觉得自己不用做什么，看看就行。于是，洋洋在教师转了一圈，然后便找了凳子，在讲台坐了下来，开始低头做自己的事。过了大约几分钟后，安静的教室里渐渐有了些嗡嗡的小声说话声，而且有同学轻声地叫着"老师，老师，实习老师，我有问题要问"。洋洋抬起头，发现有同学举手。

洋洋走到举手同学身边。该同学告诉洋洋自己很容易混淆类似respectable 和 respectful 这类词的意义，尤其是在写作时容易混用；老师有没有好办法记住它们。当时，洋洋的第一反应是这两单词挺容易的，怎么可能会混淆呢？接着，洋洋很快地告诉该学生，respectable 是值得尊敬的，是别人尊重他；而 respectful 是满怀敬意的，是他尊重别人，明白吗？学生说好像清楚了。然而，当洋洋离开教室时，洋洋发现该同学在和其他同学讨论这个问题。

接下来的好几次辅导，洋洋都发现学生问的问题都不难，但是学生好像听不太明白自己的解释，因为问了洋洋之后，他们有时候还要问邹老师。而且，洋洋发现，问她问题的学生也渐渐少了。洋洋突然意识到自己可能在给学生解释疑问时存在问题；洋洋开始思考如何把看似简单的问题解释清楚。洋洋在吃午餐时问大学的指导老师和大学同学："学生问我问题，学生觉得难而我觉得简单，怎么办？而且我觉得那么简单的东西根本就没法讲。"大学同学笑着说你不能用大学英语专业学生的眼光去看学生们的问题，他们还是高中生。大学指导老师则问洋洋是否清楚学生的具体难点在什么地方。洋洋回答说没想过。大学指导老师则告诉洋洋首先要了解学生为什么觉得某个问题难，也就是说他们的问题到底是什么。洋洋当时总结说，大家的意思是不是以后学生问问题时首先弄清楚学生的困惑到底在哪儿，并从学生的角度去看问题。

在接下来的辅导中，当学生问洋洋问题时，洋洋总是会通过追问的方式与学生交流疑问产生的根源，而且洋洋会回忆自己读高中时对类似疑问的感受以及自己高中老师是如何解答类似的疑问。在此基础上，洋洋会仔细地为学生分析原因，采用图示、例句和相似题型给同学启发。最重要的是，洋洋发现自己开始关注学生是否真的理解了自己的讲解。洋洋能从学生的反馈甚至是眼神和说话的语气判断学生对问题理解的程度，并根据此调整自己的解释。

随着接触机会的增多，以及洋洋的开朗性格，学生们和洋洋越来越熟了。在洋洋辅导的时候或者在课间休息时，他们开始找洋洋聊天。他们和洋洋聊时尚、聊明星的八卦，谈论出国和雅思考试，也会问洋洋如何学英语。有些时候，学生还会向洋洋吐露他们的心声。虽然洋洋为学生愿意接近自己并谈心而开心，但是洋洋也担心自己和学生是不是"走的太近"，而且学生也不把自己看成"老师"。因此，在辅导课时，洋洋开始告诉学生只能问关于学习的问题，而对于学生的其他问题，洋洋总是说等下课后我们可以再聊。而且，在发现这种情况后，洋洋再也不把自己的功课带到教室，而是随和但严肃认真地在教室里辅导学生的功课。

洋洋认为自己作为老师就得以身作则，严肃地对待教育教学工作，这样才能获得学生的尊重和信任。

从课外辅导和答疑参与的叙事中可以看出，洋洋从学生的学习需求出发审视和思考学生所遇到的疑难问题的性质，而且在与学生的互动中，洋洋积极探索问题的解决途径和办法。

4.3.5 备课中的学习：目标和过程张力中的设计优化

9月底，邹老师告诉洋洋10月中旬开始上课，并要洋洋认真做好准备。有了批改作业和课外辅导的经验，洋洋对于备课不敢不严肃对待。邹老师也叮嘱洋洋备课前一定要找她一起分析教材，备完课也一定要让她看看。

国庆假期一结束，洋洋马上投入备课当中。洋洋第一次课要上的是牛津大学出版社的教材"New Headway"里的课文。洋洋翻阅该课后发现，这课主要是新闻的阅读，但是，洋洋从来没见过这种原版引进的教材，如何用这种教材，洋洋心里一点儿底也没有。因此，洋洋约了邹老师一起分析教材。

分析教材时，洋洋问邹老师这样的原版教材怎么上。邹老师说我们添加"New Headway"上的课文是为了补充一些新闻题材的阅读文章，目的是要发展学生读新闻的能力。邹老师问洋洋学生要快速学会阅读新闻需要什么条件。洋洋说要熟悉新闻的基本情况和问题结构。邹老师要洋洋从这两方面入手设计教学内容和步骤。

尽管有了邹老师的指导，但是在具体设计教学步骤和内容时，洋洋还是一筹莫展，不知道从哪里着手。邹老师告诉洋洋设计教学时不要急，一步一步来，先从教学目标的细化开始，然后确定重点和难点，最后再设计教学步骤。洋洋硬着头皮按照大学学习的备课方法一步一步把课备完，然后请邹老师提建议。邹老师看了洋洋的设计后，认为教学程序设计还不错，体现了新课程的精神，但是要求洋洋把目标细化，并且把每项技能和知识点要落到实处。洋洋把教学目标定为发展学生阅读新闻的能力。邹老师认为太泛，建议是不是可以细化为学生能够通过寻找新闻的6大要素——时间、地点、事件、人物、原因、过程获得新闻大意的能力。关于如何落实技能训练和知识点，邹老师建议洋洋主要可以在活动设计方面深入，不要用问题代替活动。比如，洋洋有个问题是"what's the layout of newspaper?"邹老师问洋洋学生如何回答这个问题，如果他们知道答案，回答该问题不是老师的功劳，如果他们不知道，他们就答不出来。因此，这个问题没什么教育意义。邹老师建议洋洋可以请学生观察两份报纸的版面设计，并找出他们的异同。

和邹老师讨论完之后，洋洋觉得收获很大。洋洋亲身感受到细化教学目标对教学活动设计的引导作用。让洋洋感受最深的是邹老师说的要设计有教育意义的课堂活动，而不是直接问学生或者直接告诉学生。洋洋领会到邹老师所谓的设计有教育意义的活动就是要为学生亲身发现问题，用语言做事创造环境和条件；而这也正是在外语教学法等教师教育课程上老师所强调的基本理念。而在这之前，洋洋一直不知道如何把这些基本理念和现实中的教学联系起来，认为这只是一种口号或宣传。

在接下来的备课过程中，洋洋牢记邹老师提到的细化和落实两大原则。在设计教学目标时，洋洋翻出了外语教学法课上的目标设计笔记，并摸索着采用语言使用的具体行为描述教学目标。洋洋的这一做法获得了邹老师的肯定。而对于落实教学步骤和知识技能，洋洋则尽可能详细地描写教学步骤，把知识技能也列举得很详尽。但是邹老师还是经常提醒洋洋落实不仅仅意味着详尽，而是让学生能在活动中确确实实有提高。洋洋认为自己在落实知识点和语言技能方面还要不断摸索。

随着洋洋在备课中的熟练和成长，邹老师对洋洋的要求也更高了。在准备北师大版教材 Living Abroad 这一单元时，邹老师建议洋洋要在备课中充分挖掘教材的深刻内涵和文本的深层意义。洋洋以前没注意过在备课中挖掘深层意义和内涵，更别提如何去挖掘。洋洋只能向邹老师坦白说自己不知道如何动手。邹老师告诉洋洋说阅读除了要学会提取事实性信息，还要理解整体意义，诠释和评价文本内容；因此指向深层意义就是要引导学生关注整体意义，学会诠释和评价文本内容。洋洋结合自己学习阅读的经历仔细琢磨了邹老师的话。洋洋回忆起高中时上阅读课就不太喜欢阅读课，认为阅读课上的内容自己都会。现在，洋洋知道了自己当时有这种感觉的原因是老师仅仅抓表层的信息，没有深入文本的内涵，因而高中阶段对阅读课不太感兴趣。当领悟到指向文本深层意义之于高中英语教学的重要意义时，洋洋感到十分兴奋，洋洋在日志中写道：

> 大学里讲阅读教学的时候，老师确实讲到过阅读的很多小的技能，像观点和事实的区别、评价、推测等，那时还没什么感觉……中学我有时候不喜欢老师讲解阅读，因为老师就是对一下答案，我会做的自己会做，不会做的还是不会，觉得老师就是把英文的课文解释成汉语的，印象最深刻的就是自己曾经

有过我有本词典就行，不需要仅仅给我讲解词意和句意的老师……现在才明白当时我不喜欢英语老师讲阅读的原因所在。（洋洋-日志-20121023）

但是洋洋仍然不知道如何设计指向深层意义的课堂活动。焦虑中的洋洋只能向邹老师求助，并借了邹老师的课件仔细研读。洋洋发现邹老师设计的指向文本深层意义的活动往往会出现在读后活动中，主要是采取课堂讨论的方式，内容往往是要求学生联系现实去评价文本中的信息，或提供基于现实情境的个性化的解决方案。

在接下来的备课中，洋洋在设计读后活动特别注意通过活动引导学生联系自己的背景知识去评价文本信息。除此之外，洋洋接受同学的建议，参考阅读理解试题中的推理题和评价题的设计方法，在读中活动时设计了一些指向文本深层意义的问题。洋洋在读中活动时加入一些指向文本深层意义问题的探索获得了邹老师的真诚的肯定和赞许。洋洋也为此感到十分自豪，并因此感到英语教学是一项需要探索精神和创新思维的专业工作，具有极大的个人才智发挥的空间。

从备课活动中的专业学习图景实描中可以看出，洋洋按照合作老师提出的"细化目标"和"步骤落实"设计原则，在逐步优化教学设计中积累了备课的技巧，深化了对指向深层意义的课堂活动的认识和理解。

4.3.6　课堂教学中的学习：从关注自我到关注学生的学习

尽管洋洋对自己以后会不会成为一名英语老师仍然游移不定，但是经过一段时间的实习，洋洋对英语教学的看法和态度都有了极大的改变。洋洋已经摒弃英语教学是不需要什么专业知识，只要英语好就行的行当；洋洋不再看轻英语教学，而是对其怀抱敬畏和严肃。这种转变使得一贯自信的洋洋对即将到来的课堂教学感到稍微紧张。这种些许的紧张促使洋洋在上课前认真地准备教材和教案。

10 月 17 日，洋洋怀着忐忑的心情走上了讲台。自信的洋洋凭借着流利的语言表达很快就进入状态。但是从阅读热身阶段开始，洋洋讲话的速度越来越快，讲课的节奏也越来越快。洋洋在热身阶段和读前活动阶段，提出问题后留给学生反应和思考的时间很短，有时甚至是自己刚提出问题就马上催促学生回答，如果学生还没有回答，洋洋就"越俎代庖"地自己回答。在课后的访谈中，洋洋回忆自己当时的状况说：

> 站上讲台，心理就紧张了，我差点就脑袋一片空白……我就想通过讲课来转移注意力。当我比较流利地说英文时，我觉得我的紧张感没了。于是我就通过快节奏地说英语和讲课来缓解我的紧张和尴尬，来掩盖自己的缺陷。（洋洋－访谈－20121017）

到了读中活动阶段，洋洋的课堂节奏仍然没有慢下来。教学活动中，洋洋请学生用 5 分钟的时间寻读一则新闻的时间、地点、人物、事件、过程等要素并归纳主旨，但是洋洋站在讲台上等了一会儿就催促学生汇报阅读结果。其间，洋洋没有走下讲台去观察学生的阅读活动进行情况。洋洋的快节奏导致的后果就是只有极少数优等生完成阅读任务，但是他们在读后活动中的表现也很一般；很多英语水平差一点的学生后来在读后活动中根本就无法参与，而且有些同学由于跟不上老师的节奏而明显变得不耐烦而做别的事情。

洋洋一开始对自己第一堂课的表现挺满意的。洋洋说：

> 我觉得自己上课还行，没怎么出丑，镇住了场子……口齿还是挺清晰，语言表达也很好……课堂活动进行得挺顺利，最

关键的是没出什么岔子, 没有同学捣乱, 也没有讲错。(洋洋 – 观察记录 –20121017)

与洋洋良好的自我评价相反, 邹老师对洋洋的课并不是很满意, 尽管邹老师对洋洋的语言功底和口语风貌表示了赞许。邹老师没有板起脸来说教, 而是请洋洋回忆并评价自己的课堂节奏。在邹老师的提醒下, 洋洋意识到自己的课堂节奏太快, 上课上得很赶。同时, 邹老师请洋洋注意节奏太快可能导致的问题。在邹老师的提醒下, 洋洋对自己的第一堂课进行了仔细分析。在分析中, 洋洋说:

课堂节奏快是为了赶走焦虑, 当我发现它很有用的时候, 我就仅仅关注自己的感觉, 觉得赶快把课上完就行……那时, 我没有想到学生能否接受的问题, 只想到自己的课有没有上好, 顺序对不对, 有没有漏掉关键的步骤……现在看来, 我太关注自己的教学, 而忽视了学生。真的, 现在我真想不起来学生当时的反应。我当时还纳闷, 这些孩子平时英语挺好的, 怎么在我的课上不怎么给力呢, 阅读任务完成的不太好, 读后讨论部分参与也不太积极。(洋洋 – 观察记录 –20121017)

洋洋坦然承认自己在教学中仅仅关注自己的教学任务是否完成, 没有关注学生, 因此也不记得学生当时的反应。邹老师告诉洋洋可以自己去问学生的感受。邹老师说她发现不少学生后面根本跟不上, 而且有些同学明显和洋洋的节奏不一致, 洋洋在进行读后活动时, 有些同学还在阅读新闻呢, 有些同学则在做自己的事。

洋洋意识到自己的课堂节奏过快表面上是由于自己过于焦虑, 实质上是因为自己对学生的学习关注不够。因此, 洋洋决定在以后的课堂上要"一只眼盯着自己, 一只眼盯着学生"。

接下来的几节课里，洋洋努力地尝试根据学生的反应情况调整自己的上课节奏和说话速度，但是洋洋发现自己关注学生时，往往会忘掉自己的讲课内容，使课堂教学显得不是很流畅。在讨论 tabloid paper 和 quality paper 的异同时，洋洋走下讲台巡视同学的活动进行状况并给予必要帮助。但是，洋洋发现自己突然间对自己准备好的内容记得不是那么清楚了，在评价同学讨论时说话也不那么顺畅了。但是，邹老师却鼓励洋洋说："我一开始也这样，慢慢就好了。教学是为了效果，不是为了流畅和好看。"

随着洋洋对讲台的适应，洋洋的讲课表现日益进步。洋洋能够根据学生的情况调整课堂节奏，能够顺畅完成教学步骤。但是洋洋课堂教学的另外一些问题也逐渐显现。在 10 月 26 日，洋洋讲授 "Visiting Britain" 这一课时。洋洋在热身阶段引导学生谈论了很多英国的旅游景点、标志性建筑和风土人情。在这项活动中，洋洋自认为和学生进行了很好的互动。但是在读后活动中，在引导学生学习由 – ing form 和 infinitive to 跟随的动词时，洋洋却很快地完成了练习和讲解。下课后，邹老师评价洋洋这节课中的无效互动太多，知识点讲解太粗。洋洋也很快意识到自己在热身活动中耗时过多，而在知识点讲解时却太快。对于什么是无效互动，洋洋仍然迷惑不解。邹老师解释说洋洋在热身阶段，讲的很多知识学生早就知道，不用再讲那么细致，也没有必要花很多时间与学生互动或让学生进行讨论；互动是为了要学生交流不同的信息和观念，不是走形式。

此外，洋洋确实觉得自己对语言知识点的讲解有点走过场，仅仅让学生做书上的练习和抄笔记，没有引导学生去发现规律，去用这些结构表达意义。邹老师建议洋洋以后在语言知识教学阶段能够多创造学生使用所学语言结构的机会，并引导学生去发现规律。

在 10 多节的课堂教学体验中，洋洋对课堂教学的理解经历了从"完成自己的教学内容"到"促进学生的学习"的转变，由关注"自己"到关注"学生和教学"的转变，由关注"形式"到关注"内容和效果"的转变。

　　洋洋在实践教学中从关注自我的教学行为转向关注教学节奏和学生的学习过程,实质上是洋洋在合作教师的帮助下评估自己的教学,审视教学活动与学生学习之间关系的过程。在此过程中,洋洋在课堂教学技能和教学理念上获得了双重提升。

第 五 章

研究发现(二):理解实习
英语教师专业学习

实习教师专业学习是个涉及社会和心理等多个维度的复杂过程,它分布于不同的情境之中,具有持续性和动态性特征(Feiman-Nemser,et al.,1995;Mcintyre et al.,1996)。第四章的实习教师学习图景较为生动地呈现了实习教师专业学习的这些特征,并从"故事"取向的角度描绘了实习外语教师的学习方式、途径、结果和影响因素。在此基础上,本章将依据研究的概念框架,通过跨个案分析,进一步考察实习教师的教育实践和体验,重新呈现和诠释实习教师专业学习的过程机制和结果,分析影响实习教师专业学习的因素。

5.1 实习英语教师的学习经历和过程

教育实习为职前教师提供了宝贵的参与教育实践的机会。从本研究已有的发现来看,实习教师的实践参与样态具有鲜明的特色,体现了实践中参与和固化的循环,其突出特点表现为问题与成效互动作用下的体验和反思。

5.1.1 多样态的实践参与

实践参与是教育实习区别于其他职前教师教育活动的重要特

征，也是实习教师专业学习的重要背景资源（Crookes，2003）。实习外语教师参与了什么类型的教育教学实践，在参与中建立了什么社会实践关系，其参与的程度如何？这些都影响着他们在实践中专业学习的广度和深度。

在本研究中，实习教师教育教学实践参与类型呈现准多样化特征。在实习学校，三位研究参与者都参与了课堂观摩、作业批改、课后辅导、备课活动、课堂教学和评课活动。这些实践活动涵盖了外语教学工作的主要内容，涉及教学的课前、课中和课后整个过程，触及教学工作中的了解课程和学生、创设学习情境和学习机会、提供反馈等多个层面。同时，这些不同的参与类型对实习教师的投入也有不同的要求。在课堂观摩活动中，实习教师的智力和情感投入较少；在作业批改和课后辅导中，实习教师都经历了由不愿参与到积极投入的过程；而在备课活动和课堂教学活动中，实习教师给予了最多的重视，投入了最多的精力和情感，也是情感波动最激烈的阶段；评课活动阶段则是实习教师在合作教师的指导下，系统回观和评价教学活动并进行反思的过程。

值得注意的是，三位实习教师的实践活动参与并不是同时发生的，而是在不同的实习阶段有着不同的实践参与侧重。研究中的三位实习教师在实习初期都以课堂观摩、作业批改和课后辅导为主。但是在她们自己上课之后，合作老师往往自己承担批改作业和课后辅导工作。这也就是说，实习教师尽管全方位参与了教育教学实践，但是这种全方位的参与并不是在同一个教学时间段内发生，而是由不同阶段的实践拼凑而成。尽管，这种分裂一定程度上减轻了实习教师的负担，但是实习教师却因此失去了经历完整的教育教学实践的机会。因此说，在本研究中，实习外语教师参与的是一种准多样性的实践活动。

实践参与往往伴随着某种新的社会关系的生成，而且这种生成中的社会关系影响着实践参与的方式和深度（Wenger，1998）。在本研究中，三位实习教师的准多样化的实践参与也促成新的社会关系的生成。在实习期间，三位实习生和合作教师的关系逐渐超越官方所设定的指导和被指导的关系。在以教学活动为载体的相互介入中，实习教师和合作教师之间信任感逐渐增强，合作教师更愿意把实习教师看成得力的"助手"，而实习教师则把合作教师看成亲密的"师傅"。苏雅的合作老师张老师在一次谈话中说"这孩子真的不错，不管是交代的事，还是没交代的事，都会认真负责地完成，真的是得力的帮手"。其他两位合作老师也在不同场合表达了"帮了不少忙"和"分担了不少任务"的意思。实习教师恬静在访谈中谈到"贺老师不是居高临下地指导我该怎么做，而是非常 nice 地指出我的问题所在，或者十分和善地给一些建议……我很乐意向贺老师请教，我觉得我们就像师傅和徒弟，给我一种亲近感"。（恬静－访谈－20121115）

在实践参与中，实习教师与合作教师之间的师徒关系逐渐形成，为实习教师的教育教学实践参与赋予了更多的机会，也为实习教师和合作老师之间的积极互动提供了更多的积极情感，有助于把合作老师的指导和建议指向更深的层次，也有利于实习教师以积极合作的方式接受建议并大胆提出疑问。

教育实践参与也形塑着实习教师与所带班级的学生的社会关系。尽管在进校时，所带班级的班主任和合作老师都向同学们介绍了新来的实习教师，然而这种官方确定的实习教师身份所承载的师生关系却很不明确。实习教师不知道如何看待自己与学生的关系，在选择做良师还是严师，益友还是诤友问题上拿捏不定。而且，实习老师对自己是不是真正意义上的老师，与真正意义上的老师在行事上应该有什么差别感到困惑。而学生对实习教师则充满着好奇，把实习教师想象为"不严厉""好玩"的小老师，但同时又担心实习老师是否具有专业能力。但随着教育实践的多方位参与，在合作教师的帮助下，实习教师和学生形成了"亦师亦友"的关系。苏雅在日志中提到过"我的既给予学生一定的自由，又不放纵学生的方针获得了同学的理解和尊重……我们之间的关系更像介于老师和朋友之间的关系，我们相互尊重，在学习方面，我们认真对待，而且他们愿意向我说一些他们的真实感受，我也认真地听"。(苏雅 - 日志 - 20120928)

同时，实习教师之间形成了紧密的学习伙伴关系，她们一块入校和离校，在同一个办公室活动，在面对困难时相互帮助和安慰。在本研究中，中餐时间经常是三位实习老师相互讨论教育教学实践中问题的时刻，她们在饭桌上就自己困惑的问题向伙伴们征询意见和建议，分享自己的看法和理解。在学校为实习生专门设置的办公室里，她们也经常相互检查教学设计，并在教学预演中做"忠实的观众"。

实习教师在合作老师的带领下，认识了更多的同学科的教师，但是这种关系有别于普通的同事关系，而是一种更加微妙和复杂的关系。对于其他英语老师来说，实习老师是实习生，是局外人。"除了周老师带我去听公开课之外，我和其他英语老师没什么交流，他们对我也比较冷淡，我也不好意思说去他们班听课什么的。"(洋洋 - 访谈 - 20121108) 对此，苏雅也有同感，"即使有什么事，她们也是请张老师传达给我"。(苏雅 - 访谈 - 20121108)

准多样化的教育教学实践参与一方面帮助实习教师在实践场域中形塑着师徒关系、亦师亦友关系、学习伙伴关系，这种关系的生成过程在一定程度上也是实习教师在实践中身份的生成过程，这符合 Wenger (1998) 对情境学习中的实践参与、社会关系以及身份生成之间的互动关系描述。另一方面，这些关系的生成又推动实习教师在准多样化的实践参与接触教育教学的深层次问题，触及学校教育中的非公共话题。

5.1.2 "师徒"协商互动中的合法边缘性参与

情境学习理论秉持的是社会实践取向的学习观，认为学习存在于不断变化的实践活动的参与中；同时，参与的性质、方式和内涵也在不断地变化（Lave，1996）。这种不断变化的社会实践参与也被 Lave 和 Wenger（1991）称为"合法的边缘性参与"。Lave 和 Wenger（1991）认为合法是指学习者的实践参与以及资源使用的正当性，而边缘性则是指学习者有意义的实践活动的参与程度和成为被认可的成员的程度。实践活动和参与的双重变化不断推动学习者在参与中的合法性和边缘性的变化。

在本研究中，实习教师的准多样化的教育教学实践活动参与实质上是一种合法的边缘性参与。但是，与新手教师学习的合法边缘性参与不同的是，实习教师实践参与的合法性和边缘性很大程度上取决于实习教师和合作教师之间的互动协商。

新手教师作为合格的新来者在接受学校聘任的那一刻就具备充分参与教育教学实践的资格，其教育教学的"合法性"便不容置疑（王红艳，2012：103）。在教育实习场域中，实习教师虽然具有"官方的大学和中小学教育实习协议"的授权，具备进入学校进行教育实习的合法性。但是这种进入学校实习的授权十分模糊，仅告知学生有参与一定数量的课堂教学、批改作业、课堂观摩活动的权利。这种"合法性"授权实际上仅仅是给予一种进入学校接触教育教学实践的机会，实习教师能在多大程度上参与实践，能够参与何种形式的实践还需要合作教师的再授权。在本研究中，三位实习教师在入校时就被校方告知"不能采取单独行动，任何教学、辅导、和学生谈话都得获得合作老师的许可和同意"。（观察记录 - 20120917）因此，实习教师总是在不断和合作老师协商"现在可以做些什么"。例如，三位实习教师经常主动向合作教师"要任务"，而合作老师则根据任务的复杂度和实习教师的表现做出决定。这种协商在洋洋的"约课"过程中表现得十分明显。由于洋洋一开始的消极态度和差强人意的表现,洋洋的"约课"过程十分曲折。邹老师一直没有告诉洋洋什么时候开始上课,并"总是要我(洋洋)在约课前事先做些'功课'并把当前的任务做好"。(洋洋 – 访谈 – 20120927)

这种对合法性的协商过程实质上是实习教师身份和认同协商的一部分。实习教师在和合作教师的协商中获得了参与某项实践的合法身份,这对实习教师的自我认识以及参与实践的投入有重要的促进作用。例如,恬静在得知自己和合作老师约课成功后说"老师说我可以上讲台上课了,真的很兴奋。我知道贺老师认为我有资格上讲台了,我也对自己更有信心了。我现在有种真的当上了英语老师的感觉……我要认真备课,好好准备,努力把课上好,不能耽搁了孩子,不能辜负了贺老师的信任"。(恬静 – 日志 – 20120925)

同时,在合法性的协商中,实习教师的实践参与又总是处于边缘性的位置。这种边缘性集中体现在实习教师对教育教学责任的承担和对实践资源的使用上。她们在合作老师的指导下使用资源,合作老师对教育教学负主要责任,对实习教师教育教学的表现也负有一定的责任。在边缘性的教育教学实践参与中,实习教师具有"表现一般"甚至是"犯错误"的特权。因此,实习老师可以在比较安全的地方对部分实践工作负部分责任,可以安全地观察、思考合作老师的实践,可以在表现不够好时免于被责罚和嘲笑。在本研究中,三位实习教师的实践参与都经历由复杂度低的课堂观察到作业批改、课后辅导,再到复杂度高的课堂教学的过程。这实际上是由一种最"有限度"的参与渐渐向较为"核心"参与的过渡。在这个过程中,合作老师作为实践的核心成员给予实习老师指导、建议和安慰;实习教师观察合作教师的行事方式并求教。合作教师和实习教师之间形成一种良性的协商和互动,加速了实习教师向核心参与的接近。

在本研究中，三位师傅一方面给予实习教师教育实践方式方法的指导，引导实习教师在参与中领悟实践的理论。另一方面合作教师对实习教师的实践参与中的"问题"表现出极大的宽容，对实习教师的"探索"给予真诚的鼓励，这使实习教师获得更多的参与机会，提高了她们对教育教学摸索的动力。例如，张老师在苏雅对自己的课堂表现感到难过时说"上课出现些问题是正常的，再好的老师上课都存在问题，慢慢调整就好了……如果你第一次就讲得很精彩，我们这些已到中年的老师不就都要'下课'了"。（苏雅－观察记录－20121016）

但是，实习教师和合作教师在协商互动中的边缘性参与并不是指每个实习教师从边缘性的参与到较为核心的参与的过渡过程中的协商和互动总是畅通的。在本研究中，洋洋和合作教师邹老师之间的协商经常因为洋洋的主动性不强而搁浅，这也就一定程度上影响了洋洋向核心参与的过渡速度和程度。在本研究中，洋洋获得的教育教学实践参与的机会就不如恬静和苏雅多，邹老师也很少领着洋洋去听公开课，很多活动如作业的设计和布置邹老师也没有让洋洋插手。

5.1.3　参与和固化互动中的意义协商

固化是把参与过程中的感知和经验具体化为某种概念工具和人工制品的过程。在实践活动中，参与和固化不仅决定着实践的进行方向而且影响着参与者身份形成的路径（赵健，2006）。参与和固化在实践的意义生成方面缺一不可。一方面，实践的理解需要认识主体在真实的实践场域中通过参与活动进行意义协商，以获得对抽象化知识的真正理解。另一方面，固化把感知和经验系统地组织起来以便参与者在实践中更好地行动。实习教师在实习场域中的教育教学实践通过参与和固化之间的互动而产生意义。参与的感知和经验因为固化保留下来，成为对象化的学习资料，而固化的知识在将来的参与过程中获得意义并指导实践。正是在这种参与和固化的互动中，实习教师与环境进行意义协商。

在实践参与中，实习教师就当前的任务与合作教师进行协商，确定大致的行事路径，并在实时的实践过程中与情境协商从而获得对实践的理解。这种实时的实践情境包含诸如学生对教育教学活动的反应和指导教师的反馈，也包括教学资料、教学计划、教学制度和习惯等人工制品和教育教学的概念。实习教师通过协商获得对教育教学实践的完整性的理解，从而能获得嵌套于教育教师实践中的意义。三位实习教师在准多样化的实践参与中，在利用一切可触及的资源（如他人的反应和反馈、相关概念的启示）完成教育教学任务中获得对教育实践的全方位的理解——涉及情感、认知和具体行动策略等方面。

但是，这种通过在实践参与中协商而获得的完整性意义如果缺乏必要的固化将瞬间消失得无影无踪。因此，实习教师通过资料和话语锚定参与中的经验和体悟，并通过利用对话者之间的共享经验和体悟展开交流，从而推动意义协商。在本研究中，三位实习教师在教育教学实践中，通过听课记录、教案、评课记录、日志等形式固化参与的成果。恬静使用大学里老师给的 observation sheet 记录合作教师的课堂行为和学生的行为以及自己对课堂行为背后的理据和原因的思考；苏雅、恬静和洋洋都对自己的课堂教学录音或录像进行分析，并在课后回观或重听自己的上课过程；恬静和苏雅都会详尽记录合作老师对自己课堂教学的点评。通过这些固化方式，实习教师将日常性的感知和规律性的经验明确概括成词语、概念和问题等人工制品。如苏雅在备课时使用"备胎""对标""知识点落实"等词语固化她在参与中获得的经验。这种固化使苏雅能够和合作教师、同学就教学设计展开深度的协商，并与大学阶段所学的基本教育原理（如因材施教等）和英语教学设计基本原则展开对话。也就是说，固化通过实物和概念捕捉合法边缘性参与所生成的经验的相关性，并因此使协商和对话成为可能，进一步推动实践参与中主要经验和理解成为协商的主要对象。

5.1.4   微观过程：问题与成效互动作用下的体验和反思

实习教师在教育教学实践场域中由边缘参与向较为核心参与的过渡，并在过渡中通过参与和固化的互动进行意义协商的过程反映了教师学习的实践参与实质，关注的是学习主体和实践情境之间的互动。实习教师在实践参与中如何体验参与，如反思参与的过程，并最终完成由外在的实践参与到内在的专业能力成长，将是本节的焦点。也就是说本节将采用体验学习的框架审视和分析实习教师专业学习的微观过程和机制。

教育实习对实习教师来说是一个游走在"虚拟关注"（叶澜，2001）和"现实冲击"之间的特殊阶段。与发生在大学里的教师教育课程中的"虚拟关注"不同的是，被突然"抛入"教育教学场域中的实习教师必须面对真实的教学情境和任务，分担合作教师的部分教学和管理任务。在本研究中，"莫名的担忧和焦虑""没处下手""不知道要向老师学什么"成为三位实习教师描述自己刚进入实习学校时感觉的常用话语。另外，实习教师的参与仅仅处于在合作老师支持下的由边缘参与向较为核心的参与的过渡阶段，因此，实习教师并没有完全暴露在真实的教育教学之中，所受到的现实冲击也相对较弱，这对实习教师既可能是一种保护，也可能限制他们的学习空间。

那么，在这种特殊的专业学习阶段，三位实习教师到底经历了什么，他们是如何关注所经历的事件的？他们如何看待这些经历并采取相应的应对措施？他们是如何评价自己的行动的？这些问题的回答将有助于我们呈现实习教师的体验和反思过程，并由此理解实习教师专业学习的微观发生过程。

在本研究中，尽管每位实习教师在课程教学理论知识、语言能力、学习愿景、学习动机、性格特点、所教学段等方面不尽相同，但是她们进行专业学习的微观过程都表现出相似的体验和反思特质。三位实习教师在应对教育教学实践中出现的问题，启动对教学中的相关因素的关注；与此同时，行动成效的评估也引发她们积极反思教学行动和理念。对这一过程中体验维度的考察和分析，笔者借用了体验学习中"关注、干预、知识和愿景"三要素的互动框架考察实习教师对这一过程的体验；而对反思维度的考察，则应用体验学习理论中"评估效果、回观体验、关注情感"三因素之间的动态介入关系，考察专业学习的反思过程。基于此，我详尽描绘了三位实习教师专业学习微观过程的展开轨迹，并对实习教师每一环节的内部各要素之间的互动进行详细的阐释。

（1）问题启动关注

在进入实习学校之前，师范生主要是在教师教育课程和教师的引导下关注教学中的基本问题。这种关注远离教育教学情境，体现了"虚拟关注"的特征——在远离教育教学实践的大学课堂里学习教育教学理论，训练教育教学技能，因而无法关注现实中的问题和需要。在进入实习学校后，尽管实习教师被赋予现实中的部分教育教学任务，她们还是在合作教师的带领下边缘地参与教育教学实践。因此，在进入实习学校的初期，她们无法立刻认识到教育教学实践的复杂性，而是处于一种无意识的行动状态。在本研究中，三位实习教师进入实习学校后对教育教学实践的认知处于一种模糊的状态，没有明确的学习目标和关注具体问题。

恬静在进入学校时，认为作业批改和课外辅导就是打杂的活，不需要什么技术含量。关于课堂教学，恬静期待的是能从实习中学到一些教学的妙招和经验，缺乏具体的目标和明确的关注对象。实习情境给苏雅留下的深刻印象是北京学校的优越环境和条件。对于实习期间的专业学习目标，苏雅没有做仔细的思考，只是希望能了解北京大城市的英语教学和高中生与内蒙古的英语教学和高中生之间的异同。同时，苏雅也不知道在实践教学中应该关注哪些问题。洋洋认为自己的语言功底很好，中学英语教学对她来说是件简单的事情，因而她不期待能从实习中学到什么，只是希望自己能顺利地完成合作教师交代的教学任务。

从上面可以看出，实习教师进入学校初期关注的问题十分模糊，缺乏明确的指向。这也印证了实习教师在实习初期的"无所适从"和"不知道从哪儿着手"的感觉。

然而，在实习教师开始参与实践教学任务之后，他们开始发现教育教学并不是他们所想象的那么简单，而是一个极其复杂的工作。他们在实践中遭遇了在"虚拟关注"阶段未曾触及的问题和困境。在本研究中，三位实习教师都遭遇到实践效果不佳，无法应对行动现场的突发事件、与合作教师或学生存在教育教学观念上的冲突等问题。

这些表现为"效果不理想，无法应对，观念冲突"的问题和困境给实习教师造成巨大的情感和认知冲击。在问题出现时，实习教师需要承受随之而来的负面情感如沮丧和自责。但同时，问题和困境的出现也引导实习教师重新审视任务并开始应用教育教学知识分析当前的问题和困境。

在本研究，三位实习教师在向外部寻求帮助的同时，积极向内对所面临的问题和困境进行理性的审视和思考。在对问题进行理性分析时，她们积极利用大学里所学的理论知识和概念来澄清问题，利用自己的学习经验来类比和定位问题。实习教师由此开始关注并深入思考教育实践和现象的表象之后的深层的教育教学问题。

恬静在作业布置、课后辅导以及课堂教学中发现学生不太配合，不遵守课堂纪录的问题特别突出。此外，在备课和辅导中，恬静还发现学生不能听懂自己对某些知识点的讲解。恬静通过分析自己的教学行为后发现自己的课堂存在指令不清，忽视对学生的关注等问题，同时恬静发现自己不能把大学里所学到的学科知识转化为学生容易接受的形式。这引发了恬静对于课堂管理和教学中知识点的呈现和解释问题的关注。

苏雅在课外辅导中遇到的突出问题是学生对苏雅表现出的表面上尊重实质上爱理不理甚至是蔑视的态度。苏雅分析后发现问题主要出现在自己不能很好地把握"严师"和"益友","尊重学生"和"放纵学生"之间的界限,这引发了苏雅对树立威信的关注。在备课和课堂教学中,苏雅与合作老师在对新课程的体验学习和参与式学习的理解和实践方面存在巨大的差距,苏雅认为新课程学习就是"花哨"的教学内容和轻松的游戏和表演,而合作老师却认为参与式学习和体验学习是建立在尊重课程标准所设定的目标之上的,是在目标的指引下引导学生通过体验和参与学习语言的过程。这引发了苏雅对优化学生课堂参与的关注。

洋洋在实践教学中遭遇的困境主要是洋洋自认为精心的教学设计和精彩的课堂在学生和合作老师那里遇冷。洋洋分析学生对自己教学不感兴趣的主要原因是自己忽视了高二学生的学习需要,既没有引导学生挖掘文本中的深层意义,也没有指向明确的知识点学习,这引发了洋洋对课堂教学中知识点的落实和文本深层意义挖掘的关注。

需要特别指出的是,在实习教师的问题分析中,合作教师的启发和指导,以及实习教师自身的教育教学知识和概念有着重要的作用。在本研究中,恬静在听课中借用大学期间使用的课堂观察表做听课记录,实质上是用课堂观察表中蕴含的内在课堂观察结构分析课堂教学的过程;此外,恬静在分析课堂管理问题时迅速地使用大学时所了解的师生之间互动、关注学生需要等知识作为思考的起点。而合作老师贺老师在恬静分析课堂管理问题时所说的"是我配合学生,不是学生配合我……要满足初中生的表达欲望,他要说话时,你阻挡不住的,你要给他说话的机会"等十分契合情境的启发式指导语,对恬静在认识和分析问题中架起实践和理论之间的桥梁。

在本研究中，三位实习教师由初入实习领域的懵懵懂懂到开始关注师生关系，课堂教学活动的有效性和课堂管理等教育中的基本主题。同时，三位实习教师在面对困难和问题分析中对教育教学实践的复杂性也有了新的认识。但是，不可否认的是，在教育教学实践的困境和问题所启动的关注过程中，实习教师的学习愿景、学习动机以及合作教师的引导起着重要的作用，它在一定程度上决定实习教师所关注问题的类型和深度。三位合作老师在教育教学的深入理解和丰富的经验、恬静和苏雅的积极愿景、洋洋逐渐变化的学习动机都在驱动实习教师能够关注教育实践中的关键问题起着重要的作用。

（2）指向问题解决的探索

实践中遭遇到的教育教学问题和困境启动实习教师对教育教学实践中的某些主题的注意。但是注意并不是实习教师实践参与的终点，而仅仅是教师专业学习的起点。在廓清问题，对问题进行表征的同时，实习教师也在探索问题解决行动策略和方案。这种探索问题解决的过程实质上是体验实践改进的快乐和追寻专业意义及自身价值的过程（Schon，1983；叶澜，2001）。

恬静在关注课堂管理问题时，积极分析大多数学生不够专注的原因，并对少数几位喜欢上课讲话的同学给予了特别的关注。通过分析自己的课堂教学过程和合作教师的提醒，恬静发现学生容易分心和走神的原因是由多方面的原因造成：一是课堂活动设计没有考虑初中生的学习心理特点，活动不能激发学生情感、身体和智力的参与，单调且缺少变化；二是恬静没有关注学生的学习需要和表达需要，当学生有疑惑或不理解时，恬静没有及时回应，而且恬静经常对学生欲就某个话题表达观点的急切愿望置之不理。针对这些问题，恬静在向合作教师和同学征询建议的同时，仔细思考课堂改进的行动方案和策略。恬静在探索中主要从四个方面改进课堂教学：

一是要隔一段时间环顾全班同学，观察同学的学习状态，对同学表现出的问题及时做出反应；二是讲课时待在讲台的时间不能太长，要经常走到教室的后面去关注那些爱说话的学生；三是优化课堂活动指令，主要是注意语速和用词，边做指令边示范并检查同学是否真正理解指令，必要时请同学重述；四是改进教学活动设计，尽量缩短知识讲授时间，让学生动手参与，通过适度增加游戏、精心选择学生喜爱的音像材料增加课堂的趣味性和吸引力。需要指明的是，恬静的问题解决行动方案并不是在一夜之间制定而成，而是多次咨询教师和同学，在自己的多次思考和实践尝试中达成的累积性的成果，呈现的是语言文字无法表达的非线性的复杂过程。

苏雅关注自己在新课程理解方面和合作老师存在冲突和差异时，积极分析自己在课程设计中体现的"新课程思想"是什么？学生对这些按照自己所理解的新课程理念的接受度如何？苏雅在实践中发现，自己基于新课程理念的教学设计和活动并没有获得与合作老师类似的课堂效果。在合作老师的指引下，苏雅对这种基于"新课程理念"的教学设计和行为的效果不理想的原因进行了仔细考察——效果不理想的原因是新课程理念本身的问题，还是自己对新课程的理解出了问题？通过与合作老师和同学一起审视教学录像和教案，苏雅发现，自己的课程活动设计和实践反映的是形式上的新课程理念——按照活动前、活动中、活动后的程序设计活动；通过活动邀请学生参与语言交际，注重学生在阅读和听力活动中体验语言；注重活动外在形式的新颖和精致。

但是，苏雅在课堂设计和实践中对内容关注不足。苏雅没有对高中生的兴趣和认知发展程度进行关注，在材料选取时存在很大的随意性。苏雅选择的材料在深度和时效性方面不能满足高中生的期待。同时，苏雅的课堂教学内容没涵盖语言知识的学习，对语言知识点的梳理和统整不够。在合作老师的指点下，苏雅认识到自己对新课程的理解存在简单化和程序化的倾向。因此，苏雅在实践中做出以下调整：在确定教学目标时明确语言知识点的内容和呈现方式；选择材料时注重合理的深度和难度以及尽量兼顾较好的实效性和趣味性。尤其在知识点的处理方面，苏雅尽力要求自己做到既有直接的呈现又有融合在课堂活动中的体验和参与。例如，苏雅把直接用英语和汉语解释生词和用生词造句的活动优化为包含寻找、猜测、配对、情景填空、应用等多层次相结合的活动体系。

　　洋洋在实践教学中所经历的"现实冲击"——自认为英语精湛，课堂设计时髦，教学优秀，然而合作教师和学生都十分不满——迫使洋洋关注自己的教学设计和实践中的问题。在合作老师的引导下，洋洋通过课堂录像观察、录音转写和教学设计审读等方式分析自己教学活动设计中的问题，洋洋发现自己的阅读教学活动中主要关注的是基本信息的提取，而在这方面该班的学生已经能够轻松完成，这些任务对他们来说几乎没有挑战，因此学生对这类活动兴趣不高。除此之外，洋洋在活动前尤其是在读前活动中花费的时间太多，做了很多铺垫，展示了很多相关内容来丰富学生背景知识。在这方面，合作老师的评价是尽管内容丰富、设计精彩，但是学习价值不高。基于这些发现，洋洋在合作老师的指导下开始探索在阅读教学中注重深层次文本意义挖掘和提升活动的思维品质。在探索过程中，恬静既吸收合作老师关于深层次文本意义挖掘的基本策略，也摸索着通过模仿考试题中的推测性和评价性阅读理解题的设计思路设计自己的教学活动。

　　洋洋自己也认识到学生对这类活动兴趣不高和课堂教学效果低下正是因为课堂活动对于学生来说学习价值不高，按老师们的话说就是"缺少干货"。就这些问题，洋洋在征求合作老师的建议基础上，从以下方面进行探索：引导学生从文学层面对文章进行鉴赏性阅读，分析作者遣词造句方面的意图以及学生作为读者自身的感觉；从联系实际的角度对文中的某些观点进行评论，并引导学生结合实际提出新问题并思考解决方案。

（3）效果评估和体验回观中的再探索

教师在日常教育教学实践中指向问题解决的探索是教师体验创新的乐趣和教师自我价值的重要通道（叶澜，2001），在这一过程中，教师对探索效果的评估和实践过程的回观具有重要的作用。在本研究中，三位实习教师时刻关注着她们在教育实践中的尝试性探索的效果，并在回观探索性实践中审视自己的教育教学观念并不断改进和优化自己的教育教学实践行为。

在课堂管理探索中，恬静通过收集课堂上学生对自己的探索性行为的即时反应。恬静发现当自己走到说话的学生旁边，学生立刻停止说话；当恬静给予那些急着要表达自己观点的男生们更多"话语权"时，恬静注意到他们不再同身边同学"开小会"了。同时，恬静也会分析自己的教学尝试的整体效果。恬静通过观察学生在课堂上的参与积极性和热情以及他们课堂上语言表达的数量和质量来评价自己的课堂教学活动的质量。此外，恬静主动询问合作老师对自己的课堂探索实际效果的评价。在效果评价中，恬静也在行动中或行动后回观自己的实践体验。当效果良好时，恬静收获着探索成功的喜悦，获得极大的鼓舞。这种正向的情感体验促使恬静进一步总结成功的原因，分析成功行为背后所折射的教学理念，并由此加深恬静对课堂管理的理解和认识。当效果不明显时，恬静会有巨大的情感波动，甚至会怀疑自己的能力。但是在本研究中，合作老师贺老师积极引导恬静体会尝试本身的价值，并鼓励恬静分析导致效果不佳的关键因素并加以改进。

苏雅对活动效果的评价和实践体验的回观一直伴随着苏雅在教学内容选择和优化知识点处理的探索。苏雅通过观察学生的课堂表现发现自己积极尝试的最明显效果就是学生在苏雅的课堂上不再"漫不经心，沉默和消极抵抗了"，而是愿意参与苏雅的课堂了。除此之外，合作老师对苏雅"慢慢上道了"的评价也让苏雅激动和兴奋不已。这些积极正向的效果促使苏雅在实践中按照自己的既定探索思路进一步优化课堂设计和课堂实践。也正是在这一累积性的不断优化和积极反馈的循环中苏雅获得了对新课程理念的深层次理解。

洋洋尽管起初对实践参与的效果不太在意，只是想平稳地混过实习，然而随着洋洋发现教学并不是自己所想象的那种简单而枯燥的工作以及实践中问题解决的需要，洋洋"被迫"（一方面是教育实习形势的逼迫；另一方面也是洋洋自己对教育怀有一份责任感，因为洋洋曾说过不能耽误学生们的学习）展开相应的探索，洋洋开始关注自己在教学中的改变尝试会给学生带来什么变化。洋洋在教学目标设计中每一次细化的努力都获得了合作老师邹老师的鼓励和支持。邹老师也会帮助洋洋去观察学生的变化，比如说邹老师引导洋洋去观察学生在放慢课堂教学节奏后在活动参与、与老师互动方面的积极变化。

在每一次实践尝试中，洋洋同时关注和体验到尝试产生的效果。最重要的是，合作老师每一次都引导洋洋看到正面的反馈，甚至在整体效果不佳时，贺老师也帮助洋洋去体会失败中的进步。在对自己的尝试进行评估后，洋洋在体验成功的喜悦，教学自我实现的同时，也会分析自己的尝试中存在的问题，并作进一步的调整。

实践效果评估和体验与教师在实践中的探索之间是一种良性的循环互动关系，实习教师和合作教师通过观察、反思等多种手段关注教育教学的效果，而效果评估又促使教师在实践中对教育教学探索进行优化和改进，同时再探索又是实践效果评估的对象和内容。需要说明的是，实习教师的实践效果评估贯穿其实践探索的全过程，其中既有成功的喜悦，也有对实践效果不佳的思考。正是在效果评估和实践探索之间的张力中实习教师不断回观自己的教育教学，充分调动自己的教育教学知识和智慧进行反思。

综上所述，实习教师专业学习的微观过程是一个问题和成效驱动的复杂过程。在这一过程中，实习教师在实践中遇到的困境引发了教师对某些问题的关注。同时，实习教师在合作教师和其他资源的帮助下对问题进行分析和再框定的过程中并进行指向问题解决的探索。在探索中，实习教师对教育探索的效果进行评估，而评估的过程也是实习教师分析成效和锚定新问题的过程。在此基础上，实习教师在教育实践中通过不断优化和改进进行再探索。而再探索又成为新一轮评估的对象并引发新一轮的问题、实践、评估的循环。这种问题与成效互动，推动实习教师关注问题、探索解决问题的循环过程正是教师不断体验和反思的过程。

5.2 实习英语教师的学习结果

实习外语教师的专业学习是一个实践参与中的体验学习过程，体现了动态性、复杂性和过程性的特征。在这一过程中，实习教师在专业能力和素养上发生了什么变化将是本节探讨的重点。值得注意的是，实习教师专业学习的结果中的"结果"并不蕴含终结性意义；相反，在本研究中，学习结果是实习教师在实践参与过程中通过不断的体验和反思的结晶，这种结晶既是某一阶段的学习结果，同时又是下一阶段的反思和学习对象；因此，实习教师专业学习结果具有"累积性""过程性"和"形成性"特征。

5.2.1 技能和知识的融合

在大学的教师教育课程中，尤其是在微格教学中，师范生已经学习了教育教学的基本理论并训练了教学所需的微观技能。但是，这种学习和训练呈现"虚拟关注"的特点，是在远离教育教学真实情境的大学课堂里对教学理论进行阐释和对技能进行机械模仿式训练。因此，师范生在此阶段掌握的教学知识呈现静态的孤立性、抽象性特征，而技能则呈现孤立性和碎片化特征。在教育教学实习阶段，师范生在实习场域中亲身参与教育教学实践，师范生的教育教学知识和技能在这种边缘性的参与中有什么变化？在本研究中，三位实习教师的教育教学知识和技能除了在数量上获得增长外，更重要的是在教育实践中教育教学知识、技能与英语学科知识获得了融合。

三位实习教师在板书、多媒体使用、课堂管理、课堂语言表达等技能获得了巨大的进步。恬静在板书的规范性、如何利用板书突出教学的重点和框架、如何避免多媒体使用的弊端和处理课堂纪律问题等方面学到了不少妙招。苏雅则主要在课堂提问、课堂反馈、吸引学生参与等方面的技能库获得了丰富。洋洋在作文批改、知识点处理、作业设计等方面获得了不少操作性强的路径和窍门。

但是从情境学习和体验学习视角分析，三位实习教师的技能增长并不是单纯的模仿和简单的应用，而是镶嵌在教育教学实践场域的实践参与当中，与实习教师在问题解决中的体验和反思密不可分。实习教师的问题解决途径也折射出实习教师学习的形成性结果的形态——学科知识、技能与教育教学知识的融合。

在本研究中，恬静在应对课堂纪律问题首先想到的是用一种方法"制服"这些淘气的孩子；然而在问题解决的探索和反思中，恬静不得不从什么时候会出纪律问题，纪律问题产生的原因，如何有效地减少纪律问题等多方面入手。因此，恬静在解决纪律问题的探索中综合应用课堂管理知识和课堂管理技能解决问题，这种综合应用课堂管理知识和技能的结果是恬静获得了在纪律问题情境下关注学生的理念和技能的统一。恬静在访谈中说：

在实习之前和初期，我真的不知道要不要管和怎么管类似讲话之类的纪律问题……我见过老师们对学生吼"不要讲话，安静"，如果不是实习，我觉得我也会这样做的。实习中，我知道纪律问题并不是简单的纪律问题，它很可能和当时的情况有关，与我们自己的教学有关，我们是不是关注到学生需要，

在了解这些问题后我才能采取针对性的措施。（恬静－访谈－20121030）

苏雅在尝试提高学生课堂活动参与过程实际上也是技能和知识对接的过程。在大学学习期间，苏雅了解到参与式学生语言学习的重要条件之一；同时，苏雅也获得了一些激发学生参与的技能。但是，直到苏雅在课堂教学实习中遇到学生参与不积极并致力于提高学生参与积极性的尝试时，苏雅才能够渐渐把课堂参与的实质和调动学生参与积极性的技能串联起来。而且，这种教育教学知识和技能的融合围绕着具体的教学内容，发生在鲜活的教学实践活动中。苏雅在实习快结束时说：

> 在大学课堂里学教英语时，我觉得教学理论很空泛，我不知道怎么用，我想技能才是最重要的，碰到一个问题，我就用一种或几种技能去解决，这样既简单又实惠。但是，现在，我知道技能尽管很重要，但是如果了解在什么时间，什么情况，针对什么问题，要不要和其他技能组合等情况下使用就更加有效。而这需要对具体问题的理解和技能背后所反映的教学思想、目的的了解。（苏雅－观察记录－20121031）

实习教师的教学理论知识和实践技能在实践场域中的融合，实质上是教师基于实践的整体性知识的生成过程。这种基于实践的整体性知识总是与具体的情境相关，与具体的问题和案例相关。这一发现和 Shulman（1986）认为在职教师在教学中的知识成长呈现一种整体性和情境性的假说相契合。而且，实习教师的知识和技能在实践中的整合也体现了教师实践性知识发展的初级阶段特征。林一钢（2009）、陈向明（2011）等认为教师实践性知识的生成是一个在实践参与中，通过体验和反思整合教师理论知识、实践策略、情境知识、自我知识等的循环过程。在本研究中，实习教师在实践的问题解决中主要整合的是教学理论知识、英语学科知识和教学微观技能，比陈向明（2011）的研究中的在职教师实践性知识生成过程所涉及的知识种类要少。但是，实习教师知识与技能的整合与在职教师实践性知识的生成过程都遵循实践——反思——改进实践——再反思的逻辑。实习教师在参与中通过实践中的体验和反思不断循环来黏合原本处于割裂和分离状态的知识和技能。

5.2.2　情境的深入认识

教育实习的基本目的之一就是让师范生了解教育教学的实际情况并获得相应的情境性知识。然而，很多研究（Hoy & Rees，1977；Kagan，1992；Shkedi & Laron，2004）发现实习生在学校的教育教学场域中的亲身实践打破了他们关于学校、学生、专业环境的理想性的期待，但是这种现实的震撼并不是对情境深层的关系结构的认识，因此产生的往往是负面的结果，如对现实的妥协和对习惯势力的让步。换言之，实习生在实践场域中的情境认知仅仅是认识到现实的"残酷、不美满"。本节将从认知的广度和深度两个维度分析实习教师对情境认识的变化。

在本研究中，三位实习教师起初都认为自己十分了解学校和学生。她们认为学校是她们"再熟悉不过的地方"。她们对学校的描述惊人的一致，都集中在"学习""求知""紧张""忙碌""考试""团结""略显古板"等词汇上。但是她们也不约而同地对大城市的中学有着类似的较高期待——素质教育导向、轻松活泼的氛围、学生的个性化发展。洋洋就说，"大城市的优秀中学应该不是那么的应试吧，不会整天就是考试和做试题?"苏雅的话语也流露出她对大城市高中教学的期待，"这里的老师的教育方式应该会相对潮一些，活泼一些，不会像我们那儿一样古板吧。而且这里的老师也会知识面更广一些吧"。关于对学生的了解，她们自称是过来人,应该很清楚他们的思想和行为,但对这些"真正的 90 后和 00 后",她们也还是坦诚可能在一些方面不是特别了解。

对于学校的认识,三位实习教师也经历着重要变化。但是与大多数初任教师研究(王红艳,2012;崔琳琳,2012)发现不同的是,本研究中的三位实习教师关注更多的是学校的教育文化,如学校致力营造的学习氛围,教师所持有的教育目的等,而不是学校的人际关系、管理制度等因素。这种不同与实习教师的身份和背景有着重要的联系,他们的准边缘化的实践参与、实习教师的特殊身份以及合作教师的保护让她们无法深入学校人际关系和制度层面,同时她们的特殊发展阶段也让她们专注于自身的变化和学生的学习,而对其他的问题则无暇顾及也不感兴趣。

在实习初期,三位实习教师对实习学校怀着一种景仰的期待——想象着这里的教育是一种她们理想中的样式,没有纪律问题等琐事的烦恼,只有勤奋好学的学生,相互激励的学习氛围。恬静想象着初二的学生更多的是享受着学习的快乐,在宽松自由的环境中成长;苏雅想得更多的是高中学生能享受到更好的素质教育,尽管素质教育到底是什么她自己还不是特别清楚;而洋洋则认为学生能在更好的交际环境中发展交际能力。但是在实践参与却让她们认识到更加"丰富"和"现实"的真实境况。恬静确实发现学校给初中生的成长创造了很多个性化的发展环境——学生们可以参加很多语言类的表演和比赛,课堂上的整体氛围也是比较民主的。但是学校的规章制度还是很多,学生在什么时间做什么事都规定的很细,学校和年级组对教学进度、教学目标的管理比较细致。在以前,恬静都认为这些是对教师和学生的限制,但是恬静在实践参与中却渐渐认识到这些管理是必需的,是对教师和学生的一种保护和帮助。恬静也认识到,不管什么学校,学习总是学生的天职,也是教师的工作重心,而且学习不仅有自由和宽松的发展形式,也有相对枯燥的知识积累过程。

　　苏雅对学校的认识主要以学校对考试的态度为切入点。苏雅起初认为素质教育和应试教育是对立的，因此本能地认为这么好的中学应该不会把"考试"看得太重，应该是比较纯粹的素质教育。但是在实习学校的实践参与中，苏雅发现尽管老师们和学校并不像她曾经就读的中学那样每天都是考试，但是苏雅还是能从学校和教师的日常工作中觉察出考试对于任课教师和学生的重要性——学校和老师对期中考试的重视、老师布置的作业、老师对课堂知识的处理等都渗透着应对考试的影子。苏雅也承认"自己一开始还是有点失望，这么好的中学都这么重视考试，认为素质教育真的不可能存在"。但是，在实践中的观察和体验，尤其是合作老师在备课和作业编制中把选择题型改为填空题型的实践以及之后的谈话让苏雅认识到素质教育和考试并不是"天敌"。而且苏雅也接受了一种现实，那就是"如果学生考不好，还没等你实施素质教育，学生家长就让你下课了"。学校重视素质教育，但是对学生学习结果的检验也是素质教育的重要组成部分；因此，素质教育在发展学生能力的同时，也应该发展学生的应试能力，关键的问题是采取什么形式发展学生的能力，是采取题海战术还是在能力本位的基础上发展学生的应试能力。有了这种认识之后，苏雅观察并亲身体会到学校以及老师在平衡考试和教学中的努力和智慧。

　　洋洋对学校的认识主要停留在教学的流程、安排、制度和结构等方面，主要体现为一种浅层次的熟悉过程。洋洋对学校的文化思考得不多，没有更深入的发现，只是在实践中觉得学校不仅重视学生的语言交际能力，更重视学生的高层次思维能力的培养。

　　在对学生的了解方面，三位实习教师在教育教学的实践参与中，发现自己越来越不了解这些学生了，这种发现也迫使她们去"努力认识"这些她们自以为十分了解的学生，并从学生的立场去思考教学问题。苏雅用"熟悉的陌生人"来表述自己在实习中对高一学生的认识。苏雅觉得高一的学生和自己高一时的情况有着惊人的相似之处,都是爱追潮流、爱酷、爱面子,也想努力学习。但是,在与学生的接触中,苏雅逐渐发现学生的思想和生活其实要比自己的"想象中的抽象概括要复杂和丰富得多"。开始几次的接触,苏雅觉得大城市的学生确实不一样,他们都是大大方方的,彬彬有礼,很爱学习,能管理好自己的学习,更重要的是,他们眼界很宽,知识面十分广。可以说,一开始都是正面的评价。但是,随着接触时间的增多,了解的深入,苏雅发现高一的学生就是高一的学生,他们处在青春期,是"孩子"又不是"孩子"的一种矛盾体。他们需要老师和他人的尊重,但是他们有时候又不一定能意识到自己是否尊重他人;他们需要老师像对待大人一样对待他们,给予他们更多的选择、自由和自主;但是他们有时候自制力却不够,抵制不了诱惑。

更重要的是,实习的经历让自己意识到学生是千差万别,多种多样的。苏雅发现自己在看学生时总是站在自己的立场上,以"自以为是"的常理为出发点,结果是自己往往看到学生的相似处,而忽视学生的差异性,并把这种和惯常不一致的地方视为"问题"甚至"缺点"。例如,苏雅总是认为学生在自习时间看英文小说是一种"应该制止的不良行为",但是在了解到学生的学习习惯、英语基础和已经完成了作业这些情况后,苏雅觉得这也不是什么错误,仅仅是学习方式和习惯的不一样。苏雅用了一句话总结对学生认识的改变:"以前,我总是认为学习成绩优秀的学生都一样,现在我认为不论成绩优秀与否,学生们是各有各的不同。"(苏雅 - 访谈 - 20121122)这种对差异性和丰富性的认识的发生是一种合力的结果。苏雅的细腻观察,勤于思考和张老师的点拨都有着重要的作用。

恬静对学生的认识也发生了巨大的变化。恬静起初对初一孩子的认识是活泼可爱等正面的期待。但是,到了班上后,恬静却发现自己班上的男生确实很"淘气"。恬静从小就是乖学生,因此"不能理解淘气的男生",甚至"比较讨厌"他们的桀骜不驯。这种情绪也潜入了作为实习教师的恬静心中,恬静有时候对班上男生的行为"感到愤怒"(作为实习教师,恬静总是压制或掩饰自己的这种愤怒)。恬静甚至认为"上课、自习讲话、捣乱的学生就是问题学生"。但是,在应对"纪律问题"当中,恬静发现其实这些"淘气"的学生并不都是故意捣乱,他们平时也很尊重老师,说实话,对自己这个实习教师也十分友善。恬静开始换一种眼光看待这些"淘气"的孩子,她发现这些孩子动手能力强,有些人思维十分活跃,回答问题时也表现出丰富的想象力。恬静开始理解学生的"淘气"了,认为那应该是十几岁男生的天性,但是自己在仅仅关注这种负面标签,而忽视标签之后男生的丰富的个性和品质。按恬静的话说,她转变了对学生先入为主的观点,知道"每位学生都是优点和缺点的结合体",能够去"发现学生的优点",正视那些"所谓的缺点"。实质上,恬静由正视男生的"淘气"作为起点,从而认识到学生的共同天性和丰富的差异性。

洋洋在实习初期对于高二学生的了解方面特别自信,说"他们肚子里的小九九我是很清楚的"。但是,洋洋却不能明确地概括自己对学生的认识。实习一段时间之后,洋洋开始对自己的自以为是表示质疑,认为自己真没想到学生的思想会这么复杂,这么难于捉摸。但是,洋洋并没更深入地去思考这种复杂性,而是对这种复杂性抱一种"无法理解"的态度,只是从合作老师那里了解到抽象的处于青春期的叛逆和成长之中。这也是洋洋对学生认识无法深入的重要原因,而这种态度又和实习初期的愿景以及较少的情感和精力投入有关。

对学校和学生认识的变化和深入是师范生专业学习的重要内容。这种情境知识是教师专业能力的重要组成部分(陈向明,2011)。在本研究中,三位实习教师的情境认识都有了重大的变化,尽管洋洋在情境的认知方面还更多地停留在浅层次的熟悉和了解。

5.2.3　教学观念的变化

教学观念指教师对课程、教学方法和学习过程等因素的认知和理解，是教师专业知能的重要构成要素，它不仅影响着教师看待教学任务的方式也决定着教师接近教学的方式和课堂决策（Richardson，1996；2003）。实习阶段的教育教学实践参与为实习教师教学观念发展提供重要的条件（Ng，Nicholas & Williams，2010）。在本研究中，三位实习教师在实践参与中对语言教学在广度和深度上有什么新的认识和理解？

三位实习教师在教育教学实践中的边缘性探索引导她们关注并反思自己的教学。在探索和反思中，三位实习教师都直接或间接检视自己对新课程、交际教学和教学有效性的认识和理解。她们对这些概念的关注与她们在大学教师教育课堂的理论学习以及当下中学课程改革的实践话语密切相关。

在实习初期，她们对新课程的理解是一种接受、好奇和怀疑相互交织的简单化理解。在实习初期，恬静在"理论上和字面上很了解新课程理念"，对"以人为本、全面发展、尊重个性"等描述新课程思想的词汇十分熟悉；对新课程所提倡的重视体验和参与的教学方式、形成性与终结性相结合的评价方式也不陌生。但是，恬静承认自己对这些概念的内涵并不是十分清楚，在教学实践中这些思想和原则就被简单化理解为使用交际教学法。尽管恬静能轻松地说出交际教学思想的核心内容，如有意义的交际活动、形式和意义的结合、信息差等子概念。但是在教学实践中，恬静的交际教学则又被进一步简化为"改变传统的教语言知识，让学生多说、多听"。然而，恬静在实习教学实践中所折射的教学观念和她所表述的并不一致。在教学设计和教学实施中，恬静更多地以自己为中心，以教为中心，对学生的学习关注不多，忽视学习的过程和学习的内在性质，更关注的是学习的结果和表面现象。也就是说，恬静的教学观念、教学行动、教育教学理论知识处于一种分离状态。

然而随着在实习中参与的增多，恬静开始更多地关注学生的需要，关注学生的学习过程，关注自己是否为学生的学习创造了必要的条件。从学生的视角出发，恬静对英语和新课程有了新的理解：

> 教学时促进学生成长的活动，这应该就是新课程的实质。像我们班初二的学生每个人都不一样，他们的兴趣、爱好、特长、基础都是不同的，因此教学就是要尽力地满足他们的需要，去给他们创设英语学习条件……教学实质上就是要促成学习的发生，英语教学就是要创造让学生在活动中接触语言、使用语言表达信息、归纳语言的使用规则，并吸收语言的机会……教师要配合学生，给学生的学习提供帮助，不能期待你教什么，学生就能学会什么，也不能去抱怨学生不听你的或笨。(恬静–访谈–20121109)

恬静的表述反映了她在学生观、学习观、教师观方面的变化。这种变化也体现在恬静的教学实践当中。在实习的后期，恬静在教学设计中能根据本班学生的实际情况为学生量身定制教学活动。同时，尽管仍然不够娴熟，恬静在教学实施中能关注学生的学习状态，会关注学生的情感需求并在课堂上营造较真实的对话交流气氛。此外，恬静对新课程和交际教学的理解也有了厚度和实践气息。恬静不再把新课程视为一堆空泛的概念集合，而是把新课程和教育教学中的行动联系起来，她说，"新课程就在教师的举手投足、说话方式和看待学生的方式当中"。

苏雅的教学观念发展过程和方式与恬静的经历有着极大的相似之处。苏雅在实习初期对新课程、有效英语教学的理解也处于一种与实践割裂的简单化理解状态。苏雅在实习初期对新课程的理解主要源自于她个人高中时期学习经历的影响。苏雅的高中学习经历让她对"天天做题，周周考试"的学习持明确的反对态度，然而建立在这种反对应试教育基础之上的新课程理解仅仅包含着一种情感的偏向，缺乏对新课程精神实质的理解。例如，苏雅在访谈中提到新课程时频繁提及的词句主要集中在"不要死记硬背，考试不是教学，培养学生学习兴趣，不要死抠语法"。但是，苏雅并不能具体阐述新课程观照下的英语教学到底该如何着手。

教育实习中的探索和反思使苏雅的教学观念发生了巨大的变化。在问题解决探索中和合作老师的帮助下，苏雅以有效的英语教学活动作为行动和反思的起点，思考教学中学生参与的重要性以及提升学生参与的质和量之于语言发展的重要作用。在这一问题上的探索和思考，让苏雅领悟到"教学是学生在认知、情感和行动多层面参与的过程，教师的任务就是要创设促进学生全身心参与的条件并给学生的参与提供支架"。同时，苏雅对"有效教学"的理解也有了较大的发展。在实践的参与和合作教师的指引下，苏雅把新课程教学和有效教学联系起来。在教学实践中，苏雅发现自己的每一次课堂教学活动的设计和开展实质上都是朝着有效教学的目标前进。这种实践让苏雅认识了有效教学的理念和实践，体验了有效教学理念给她的课堂带来的实实在在的改变。这种理解和积极的体验又反过来提升苏雅的教学实践质量和有效性，并最终促使有效教学理念融入苏雅的教学观念系统。苏雅认为，"新课程意味着英语教学的有效性……有效性关键是指学习活动能不能让学生的学习真正发生，能不能让学生在课堂活动中增进听说读写技能和语言使用的能力"。（苏雅－访谈－20121121）此外，苏雅对"应试教育"也有了新的认识，她不再简单地把新课程与"应试教育"对立起来，也不再仅仅从"应试教育"的角度出发去理解新课程和有效教学。

洋洋的教学观念发展也是发生在教育教学实践参与之中，其过程也是实践和观念的相互作用中的渐进性改变。但是，与恬静和苏雅的教学观念发展相比，恬静的教学观念发展途径表现出更多的迁回和曲折，其观念在深度和宽度两个维度的改变也相对较小。

洋洋在实习初期坦诚自己对英语教学不感兴趣，对教育和英语教学思考的不多，关于教育和英语教学的理论学习得不太好。洋洋的初中和高中英语学习经历让她觉得英语教学不是件复杂的事，而且很多知名英语培训机构的"新理念"也让她觉得英语教学只要不采用传统教学的路子——死教语法，死记硬背——就行了。洋洋说："英语教学就是要教学生开口说英语，让他们说的标准、流利……不要老是教语法，死记硬背单词……激发他们学习的兴趣，多做游戏，多组织活动……"（洋洋－访谈－20120927）但是，洋洋对于组织什么活动，如何提高和保持学生的学习兴趣，如何让学生开口说英语，如何提高学生英语口语的准确度和流利度却知之不多，甚至又回到模仿、背诵的老路子上去。当问到如何具体执行她的新理念时，洋洋说："我看疯狂英语的做法是让学生们把英语说出来，吼出来，说的遍数多了，自然就能说了，就能学好英语了。"（洋洋－访谈－20120927）

但是在实践教学中遭遇到的问题和挫折让洋洋开始审视自己的教学实践并做出相应的调整。在教学实践的改进中，洋洋一方面领悟到自己对教学过程和本质认识过于"片面"和"简单"；另一方面实践中的尝试和反思也让洋洋意识到教学理论的重要性，并在理论的帮助下重建教学观念。这一过程让洋洋发现教学的过程是学生在老师的帮助下学习知识技能并发展能力的过程。实践教学中落实知识点的教学过程也让洋洋认识到语法、词汇教学之于学生交际能力发展的重要作用。此外，实践和合作老师的引导也让洋洋理解关注学生的学习需求、学习兴趣和学生主体性的重要作用。这种转变在洋洋的课堂教学设计中十分明显。但是洋洋由于对教育教学知识和新课程理论知识的理解不深，缺少一个大的思维框架把学生观、学习观、课程观统整起来，她的教学观念和恬静及苏雅比较起来显得缺乏系统性，呈现为碎片化的理解。例如，洋洋在教学中对活动思维层次的关注让她理解教学是回应学生学习需要的过程,但是她却不能像苏雅一样领悟到教学是回应学生需要的过程,同时学习是学生在老师的帮助下对信息进行深加工的过程。

三位实习教师教学观念的变化嵌套于她们的实践参与之中,是一个非线性的渐进发展过程,其中存在着反复和迂回。三位实习教师的教学观念都呈现为有简单化的抽象认识向基于实践的深度认识的转变。其中,三位教师在对新课程、课堂教学过程、学生观方面的发展最为显著。

5.2.4 专业认同的建构

Hamachek (1999) 认为教师是基于知识而教,更是在潜意识中基于认同而教。Korthagen (2004) 则进一步指出专业认同和使命感处于教师变化的内圈,是教师专业素养的内核部分。教师专业学习并不仅仅是知识的积累和教学观念的转变,教师的专长中还蕴含着精神层面的专业认同 (Friesen & Besley, 2013)。实习教师的专业学习过程是发现自我、建构专业意义和个人认同的精神旅程。在从学生身份到教师身份的过渡期,实习教师在"既熟悉又陌生"的学校教育场域中,在学生的疑虑、教师的担忧、自我的焦虑中承担教学工作任务并应对随之而来的挑战。在这种学生角色和教师角色的紧张关系中,在新奇与疑虑张力中、理想与现实的碰撞中,实习教师如何认识自我,如何认识教师专业意义,以及如何赋予自我与教师专业的同一感? 这种自我和专业的同一过程对于实习教师来说是一个自我意识唤醒的自觉过程,是发现和回应内心召唤的过程。在本研究中,三位实习教师获得了不同程度的自我认识和中学英语教师专业意义理解,获得了不同层次的专业认同感。

恬静出身教师家庭,从小就喜欢教师这份职业。在恬静的眼中,教师是光荣而高尚的育人职业,但是恬静对光荣和高尚的教师职业的理解仅仅受家庭和社会观念的影响下的想象性建构,缺少切身的体会。此外，恬静一开始就认为自己性情温和安静，特别适合做老师。但是在这种缺乏实践磨练和检验的自生的认同背后却隐藏着不和谐的内心声音，恬静觉得"自己胆小而且管理能力差"，觉得自己的"口语不是特别好"，担心"自己经验欠缺"。而在实习初期学生的不信任更加加深了恬静对自己的专业能力的怀疑。

在多样态的边缘性实践参与中，恬静开始体悟教师这光荣而高尚的育人职业的内涵和厚度。恬静发现高尚和光荣意味着责任和义务，在实践中则表现为尽自己所能追求最好的教学结果；而育人的职业特性则意味着教师关注每一个学生，关注学生的智力发展和精神需求。正如恬静在反思日志中写道：

> 教师工作的神圣不是因为它把老师放在舞台上的聚光灯下，有着无数的 fans 在尖叫，在崇拜。教师工作的神圣就在教师的每一项细小的任务中，在尽力备好每节课，上好每节课的琐碎中，在为思考如何改进自己的不理想教学效果而在床上辗转反侧，而四处求教的过程中。(恬静－反思日志－20121023)教师是教书育人的岗位。我现在才能理解以前看到的大致这样的话，"教师要俯下身子，用学生的眼睛去看世界"，育人就是要关注学生，关注他们的感受，关注他们的发展和精神需要。(恬静－反思日志－20121114)

恬静对自我认识的改变也是其专业认同建构的重要部分。恬静在实习初期认为自己的天性和教师职业相符，但是又担心自己因为在专业知识能力、教学经验和沟通管理能力方面的欠缺而不能胜任英语教师职业。的确，在实习初期，尤其在学生的疑虑中和自己不能解决学生的疑难和教学效果欠佳所带来的挫败感中，这种疑虑和自我否定甚至得到一定程度的强化。但是在积极探索后的成功体验，合作教师的顾虑以及探索中的反思让恬静体会到自己的优势和教学能力的成长。这种积极的体会一方面让恬静更好地认识自我,意识到发展的重要性;另一方面也让恬静更好地理解教师专业的个性化和服务性特质。恬静对自己的口语能力有了更精细的评价。恬静发现自己主要是有几个音发的不准,其次是语言表达时显得犹豫不决,但是恬静也认识到自己在口语表达时的句式完整、语速适中在中学英语教学中是个优势。恬静在不同场合多次提到类似的话语——"原来英语教学不是说老师的口语不是特别好就不行,老师可以扬长避短,但更重要的是要用自己的口语去给学生做示范,去引导学生进步,而不是去炫耀自己口语有多流利"。(恬静-日志-20121109)恬静理解了英语教师职业的重中之重是要为学生的学习提供帮助和支持,而这种帮助和支持的具体方式和方法可能因为教师的知识、能力、个性的不同而存在一些差异。

苏雅很喜欢英语教师这个职业,十分向往能在大城市教书。在苏雅看来,理想的英语教师应该是口语流利,善于交流和沟通的文化使者;英语教师应该是"性格开朗、阳光、活跃、在教室里蹦蹦跳跳"的形象。在实习初期,尽管苏雅对自己在语言分析和文学鉴赏方面的能力有些不自信,认为这些方面的不足可能会给自己的教学埋下隐患,但苏雅内心高度认同自己流利的口语和热情开朗的性格有助于自己成为优秀的英语教师。

然而在教育教学实践参与中,这种平衡被"现实中的问题"所击碎。学生们对苏雅课堂教学活动中表现出的热情和活跃的冷淡反应,学生在苏雅和他们沟通后的明知故犯,教学设计中合作老师对苏雅花哨而有趣的活动的否决,这些都让苏雅感到十分沮丧,也冲击着她对英语教师职业的理解和认同。苏雅在一次辅导课后说:

> 学生他们有时候真的什么都懂,(和)友善地制止他们的违纪行为有没有用呢,暂时有用,但是你一转身,他们就故伎重演,又和当初一样。……所以我现在在想我一直所奉行的老

师要和善、要真诚地制止学生的违纪行为，而不是严厉地呵斥
是不是有问题……教师是不是应该凶一点，严肃一点，但是我
真的不愿意板着脸，很凶地对待他们……（苏雅－观察记录－
20120926）

从苏雅的话语中可以看出，苏雅开始思索教师除了是友善的交
流者之外是不是还应该是严厉的监督者。但是，合作教师的启发引
导、苏雅自己的教育教学知识和基于情境的思考的合力引导苏雅朝
着成为重视解决学生内心问题的智慧型教师方向发展。苏雅在反思
中写道：

没有什么妙招能解决教学中所有问题，优秀的教学需要的
不仅仅是技能、知识、耐心、友善，更需要的是对隐藏在问题
深处的原因的思考和探索。我越来越觉得，做一位优秀的英语
教师要善于思考，不能仅仅模仿。（恬静－反思日志－
20121107）

在实践中，苏雅对教育教学工作的复杂性、情境性的认识逐渐
深刻，在此基础上，苏雅对教师工作的探索性和智慧性的认同逐渐
形成。这种认同也反应在苏雅的教学行为之中，苏雅在课堂活动设
计和课堂教学中也经历着由开始的简单模仿到基于学生个性与需求
和自身特点的探索与转变。同样重要的是，对教学的智慧性和探索
性本质的认识让苏雅进一步坚定了成为一名英语教师的信念，实实
在在了解教师工作的价值和光荣之所在。苏雅认为能够通过自己的
思考和探索帮助学生解决学习中的问题，让学生的英语学习更加有
效给她带来快乐和成就感。

洋洋在进入实习学校之前和实习初期对教师专业的认同度很
低，多次提到"教师是技术含量很低的"职业。洋洋认为教师的工

作就是日复一日地传授知识,因此生活没有什么变化,也没有什么意义。洋洋对教学实践参与热情的缺乏,在课堂观察中敷衍等日常行为都折射了她对教师专业认同的缺乏。此外,洋洋对自己的口语十分自信,对时髦和潮流有着自己的理解,向往着都市白领的"潮"生活。因此,洋洋从内心对英语教师职业有着一种抵制,认为自己的性格和教师职业所需要的沉稳、朴素格格不入。

在教育教学实践的边缘性参与中,洋洋最初从合作老师的课堂教学中感受到英语教学的复杂性和其中所蕴含的智慧。在之后的课堂教学的亲身经历中,洋洋切身体会到英语教学所带给教师的挑战性和探索空间。更重要的是,洋洋在教育实践参与中的经历改变了她对教师职业的刻板印象。洋洋发现,尽管学校对教师的言行有一定的期待,但是教师,尤其是英语教师还是一个十分活泼可爱的团体,教师的生活也是多姿多彩的,教师也可以追求属于她们自己群体的时尚。洋洋在日志中写道:

> 学校请了教练来教老师跳肚皮舞,我是很积极地参加了,教师的生活原来不是我所想象的那么刻板和枯燥。……中学的老师追求的更多的是一种知性的时尚……其实,我现在真的有点仰慕这种时尚。(洋洋－日志－20121019)

不难看出,洋洋对英语教师的专业认同感在实践和生活体验中开始逐渐增强。另外,洋洋也开始注意自己的言行和衣着,洋洋不再在学生面前看她的雅思词汇书了,洋洋的衣着也更加的像老师了。洋洋在谈话中说,"我们现在不管是在食堂吃饭,在校园里说话,还是在办公室讨论问题都要表现更加的得体,要像个老师"。(洋洋－观察记录－20121026)

在实习快结束的几天中,学生在欢送活动和其他不同场合表达对洋洋老师的感激,流露出的依依不舍的情谊,不仅让洋洋十分感动，更让洋洋体会到教师职业是一份富含感情的事业。

在本研究中，三位教师对自己的认识和英语教师专业认识在实习中都获得了较大的发展。但是在专业认同方面，在实习结束时，恬静和苏雅的专业认同感更强，她们不但认识到教师专业的复杂性和智慧性，更是从教师的复杂而富含智慧的教育探索工作中收获了自豪感和成就感，也就是说她们的个人认同和专业认同有了较高的融合。洋洋尽管也认识到教师职业的复杂性和挑战性，甚至在临近实习结束时为学生的情谊和感激而感动，并且由此而认识到教师职业是富含感情的事业，但是她没能从教学活动本身体验到职业幸福感和个人价值的实现，因此，她的教师专业认同仍然停留在教师角色认同层面，还没进入专业认同的最核心层面。这与 Friesen 和 Besley（2013）的分析相一致，他们认为教师角色认同建构远没有教师专业认同建构复杂，教师在教学工作中的经历和反思能让教师体悟到教师职业的责任和义务，但是要进一步认识到教师专业的更深层次的意义并把教师专业和个人的价值联系起来需要教师在价值层面的解放性反思。

5.3　影响实习英语教师专业学习的因素

实习外语教师专业学习是合法的边缘性实践参与中的意义协商过程，是实习教师在问题和成效相互作用下的非线性发展。在这个复杂过程中，实习教师专业学习的进展和成效受到多种因素的影响。在本研究中三位实习教师的专业学习受到个体层面、人际层面和社会文化制度层面因素的影响。需要说明的是，尽管本节从三个层面阐述专业学习的影响因素，但是它们之间并非是割裂的关系。实习教师专业学习的进程和成效是由这三层面因素相互作用而形成的合力影响和决定的。

5.3.1　个体因素

学习是学习者在实践参与中建构理解和认同的过程（Lave & Wenger，1991），在理解和认同的建构过程中，学习者的愿景、原有知识储备、生活经历等因素发挥着重要的作用。教师专业学习也不例外，Kelly（2006）认为教师的职业愿景、投入、受教育经历、教育教学知识和技能储备等因素在教师专业学习进程和结果发挥着重要的作用。

在本研究中，三位实习教师学习过程中都在不同程度上积极调用储备的教育教学知识和技能来分析和解决实践场域中的教学困境。并且，实习教师经常以自己在受教育经历中的亲身经验和切身感受作为当下问题分析和思考的起点。例如，恬静在遇到课堂纪律问题时，第一时间想到的就是大学教育教学课程中的课堂管理知识和技能。她的课堂纪律问题解决的路径也反映了教育教学知识和技能储备为实习教师的实践参与提供了理解问题并思考解决方案的框架和方向。苏雅在理解和尝试指向深层意义的课堂阅读教学的过程中，经常回忆起高中时期自己在以低水平操练为主的英语课堂中经历的索然无味和莫名焦躁，并以此作为反思的起点。而洋洋因为知识和技能储备相对不足，所以在碰到教学实践中的困境时表现出更多的困惑和茫然，不知道从何下手分析问题。

实习英语教师的英语语言能力是影响其专业学习的另一重要因素。在本研究中，三位实习英语教师有了扎实的英语知识和技能训练，有着较好的语言应用和表现水平。因此，总体上说，在她们的专业学习过程中都表现出对自己教学活动及其影响本身的关注。但是，恬静语法理解方面的欠缺、苏雅在几个发音方面存在的瑕疵，以及洋洋在文本分析和鉴赏能力方面的不足都干扰了她们对教学本身的关注，因而在某种程度上使她们更多地关注自己在语言知识和技能方面的表现，而不能腾出更多精力去关注学生的学习过程和效果。

在影响实习教师专业学习的个体因素中，最重要的是实习教师的专业愿景。愿景是个人或集体对未来的期许，是个人和集体主动而自愿投入和奉献的态度根源。在本研究中，实习教师的专业愿景影响着她们在实践中的投入，决定着她们的观察、思考和解决问题的方式，因而也决定着她们的专业发展空间。例如，恬静成为一名优秀英语教师的愿景激励着她主动探寻实习中的学习机会，她说："只要留心，即使是从重复而琐碎的任务中也能学到不少东西。"此外，积极的愿景也促使恬静愿意持续地投入到实习教学中，并积极地调动自己的知识、经历以及身边的资源来解决教学中的问题。相反，洋洋因为在实习初期缺少积极的教师职业愿景，因而在教育实践活动中往往表现为被动地应对问题而丧失专业学习的机会，洋洋在听课时的表现和所经历的专业学习就是最好的例证。

此外，愿景和投入决定着实习教师关注的教学问题的类型以及思考的深度。恬静、苏雅的积极愿景以及较好的知识技能储备引导着她们始终聚焦教学中的关键问题，并在实践中不断地透过表面现象向深层次掘进。而洋洋在实习初期的消极愿景影响着洋洋在教育教学实践中的投入，并导致洋洋无法从实践和学理的更深层次分析和思考教学问题。

愿景和投入影响着实习教师在实践中的经验空间，并与实习知识、技能和受教育的经历一起主导着实习教师如何经验、经验什么，怎么看、怎么听、关注什么问题，如何看待问题、如何采取行动；而一系列思考和行动的结果又增强或重塑实习教师的愿景、投入和看问题的视角。这印证了王洁、顾泠沅（2007）在在职教师行动教育研究中的发现——教师的专业期望和投入主导着教师的专业关注、专业行动和思维方式。

5.3.2 人际因素

实习教师专业学习发生于实践参与的体验和反思之中，在这种社会化参与过程中，实习教师和合作教师、同侪的观念相互碰撞并展开对话。因此，实习教师专业学习除了受教师个体专业愿景、受教育的经历和知识技能储备个体因素影响外，也与实习场域中的人际因素息息相关。在本研究中，合作教师的指导方式和风格对实习教师专业发展具有重大的影响，同时，同侪的相互支持也有利于促进专业学习的发生。

Richardson 和 Farrell（2011）基于前人的研究，把合作教师的指导方式和风格归纳为自上而下型和自下而上型。自上而下型的合作老师采取的是指令性和规定性的指导策略，对实习教师的教学行为做直接的判断并要求实习教师按某种模式行事；自下而上型的指导策略则与此相反，采取的是一种引导式的合作反思路径，引导实习教师在合作教师的引导下观察、评价课堂行为，思考教学的改进途径并获得对教育教学的理解。在本研究中，合作教师的指导体现了自下而上的指导特征。三位合作老师十分注重引导实习教师关注并思考她们教学实践中出现的特殊现象；尽管合作老师会和实习教师分享自己的视角和对这些现象的看法，但是很少给出直接要求实习教师怎么做，而是给出一些建议供实习教师选择和参考。例如，恬静的合作老师贺老师和苏雅的合作老师张老师在实习老师每次上课后都会和上课老师一起反思上课的效果，找出问题并思考原因和改进策略。恬静在访谈中说：

> 贺老师不会直接说你不好，你该怎么做，她总是问我那样做是出于什么考虑……她有时候能用特别通俗的话概括我的思考，分享她个人是怎么做的并最追问我打算怎么做……贺老师给我最大的帮助就是引导我去关注教学中出现的最根本和最主

要的问题，并且让我真正地去思考这些问题……这样，我反而对她上课时对类似问题的处理方式口服心服。（恬静 - 访谈 - 20131024）

另外，合作教师在自下而上的指导中通过与实习教师合作反思，对自己的教学进行审视、改进的过程给实习教师提供了具体的示范。恬静的合作老师在与恬静合作反思课堂管理问题时的问题发现、自我剖析、计划制订和实践尝试的过程不仅给恬静一种示范，而且让恬静亲身体验到经验丰富的教师也需要不断反思和改进自己的教学。

合作教师的自下而上的启发式指导方式给实习教师审视、反思自己的教育教学实践提供了很好的榜样，创造了宽松的学习空间，同时也为实习教师理解和改进教学提供了经验性的视角支持和实践建议。

特别需要指出的是，三位实习教师都表示合作教师的信任、真诚的鼓励和同情对她们的专业学习有着重要的促进作用。合作教师的信任让实习教师具有更多的实践机会和更大的探索空间。例如，张老师对苏雅的信任使苏雅获得更多的上课机会，因而也让苏雅能尽快在实践中理解教育教学工作的复杂性。而合作老师对她们真诚地鼓励和同情——例如，张老师幽默式的"要是初登台的菜鸟一开始就把课上得很精彩，那我们不就要下岗啦"，贺老师的实习经历分享"我当时也是这样"，给了实习教师精神上的支持，减轻了她们的负疚感，避免实习教师在教学困难中的沉没，也给她们的积极探索提供了动力和勇气。

此外，同侪之间的相互介入和合作协商也为实习教师的专业学习提供了重要支持。在本研究中，恬静、苏雅和洋洋在实习生专门办公室、食堂饭桌、回学校路上的讨论、相互间的建议、倾诉以及鼓励让她们能够获得思考问题的不同视角以及情感上的安慰，并且能够在合作反思中共同探索解决问题的途径。

5.3.3　社会文化因素

社会建构主义认为个体的发展发生于一定的社会历史文化境脉当中,受文化制度的影响。众多的在职教师学习研究 (Gu,2007;杨全印,2011;) 和新手教师学习研究 (崔琳琳,2012;王红艳,2012) 发现学校办学理念、显性制度章程、隐性的习惯俗规等对教师日常生活、学习方式、学习进程和结果有着显著的影响。

在本研究中,学校的新课程文化对实习教师专业学习有着积极的推动作用。学校对新课程改革的支持和新课程理念认同,以及在教学管理、课程安排、教师的整体教学风格方面都坚定了实习教师对新课程改革的信心,消除了她们对新课程理念与实践相容的疑虑。更重要的是,学校新课程文化里面所体现的"新课程并不排斥应试教育"让她们超越了对新课程的简单化理解。在这种社会文化中,实习教师能够在环境的支持下探索新课程理念的践行,深化对新课程理念的理解。

与在职教师和新手教师学习略微不同的是,在本研究中,实习教师对学校文化所产生的负面影响的感知不深。究其原因,主要是实习教师虽然沉浸在学校社会文化场域之中,但是大多数时候实习教师和学校社会文化的基础都是通过合作教师的中介进行的。合作教师把社会文化对实习教师的影响做了一定的过滤,因而实习教师受到学校社会文化制度的负面影响要相对较小。

即使在这种过滤之下,本研究中的三位实习教师仍感觉到学校方面对她们的不信任甚至是防备。例如,为实习教师专门设立的办公室经常有领导和老师来检查,有时学校领导和教师会毫不客气地斥责她们讨论的声音大,教训她们不应该在黑板上涂涂画画(尽管那是她们在上课前预演时留下的板书);所教班级的班主任对她们的教学也不太放心,她们上课前,班主任老师会站在教室里敦促学生好好上课，有时候下课前又会来转一圈。这种不信任对实习教师专业学习有一定的制约。实习教师的自主探索空间受到一定的挤压，如果没有合作老师的大力支持，实习教师往往采取最保险的策略，管好纪律就行，让学校和班主任放心就行。

社会文化因素对实习教师的影响往往在合作教师的中介和过滤下起作用。在本研究中，学校文化和制度中的新课程因素在合作教师的中介下获得放大，对实习教师的专业学习尤其是新课程的理解和践行有着重要的推动作用，而学校文化制度中对实习教师的信任缺乏和防范对实习教师专业学习有一定的制约，但由于有合作教师的调和，这种制约的影响力比较小。

第六章

讨　论

第五章呈现和分析了实习教师专业学习的过程、结果和影响因素。在此基础上，本章将对研究发现进行更上位的梳理和统整，与已有的研究文献进行对话。本章将从三方面进行讨论，首先通过整合研究中的教师专业学习过程、结果和影响因素分析三个维度的发现，重点讨论教师专业学习的机制；其次挖掘本研究中教师专业学习中课程改革背景与新课程观念和理解之间的关系，讨论课程改革背景下实习教师专业学习的目标、组织方式以及合作教师的关键作用；最后深入分析实习教师专业学习中过程和结果的相互依存性之于未来研究的意义。

6.1　实习英语教师专业学习机制

机制最早是在机械工程研究中用来表示"机器的构造原理和工作方式、机器内部各部分间的组合、传动的制约关系"（刘建明、张明根，1994）；后来，机制被广泛应用到生理学、心理学和教育学中，用来指称"引起、制约事物运动、转化、发展的内在结构和作用方式，包括事物内部因素的耦合关系，各因素相互作用的形式，功能作用的程序以及转变的契机等"（刘建明、张明根，1994）。在本节中，对专业学习机制的讨论主要聚焦实习英语教师在实践场域中学习主体与学习环境的互动形式，专业学习发生和发展的内在结构和作用方式。

6.1.1 教育实习中的积极调适 VS 教育实习中的消极应对

Kyriacou 和 Stephens（1999），Oosterheert 和 Vermunt（2001）以及吕立杰、郑晓宇（2008）等学者的研究发现，实习教师在教育实习中经历着理想与现实之间的落差，理论与实践之间的距离，在这种"现实冲击"中，实习教师采取消极妥协的应对策略，更多关注的是"生存"问题，因而在教学观念和专业认同方面的发展很小，甚至是一种负向的变化。与此不同的是，在本研究中，实习教师在应对教育实习中的问题和挑战时采取了积极的调适策略，在实践中不断地尝试和调整，因而在教学观念、专业认同、知识和技能以及情境认识等方面都获得了有益的发展。这与 Brown（2006），Capel（1997）以及 Caires，Almeida 和 Martins（2011）的观点较为一致。

具体分析专业学习的历程不难发现，本研究中实习教师能够采取积极调适策略并获得积极的专业成长，其原因主要有以下几点：①实习教师在大学期间的学科教学知识储备较好，通过大学三年的教育和训练，她们的英语语言能力和知识、学科教学法知识和教学微观技能都打下了良好的基础，这为她们在应对实习的困难和挑战中分析问题以及解决问题提供了理论知识基础和认识框架；②实习教师对英语教育教学有较为积极的愿景，即使是对英语教师专业认同度不高的洋洋由于受中国传统文化——当老师就要负责任，不能耽误学生——也认为在实习中要认真教学；③实习场域中合作老师提供了自下而上的专业化的支持，合作老师对实习教师的信任和鼓励性的、启发性的专业指导，这使实习教师能够在支持充分的专业实践情境中探索和试误；④实习学校中相对宽松民主的教育教学环境给实习教师营造了一种安全的探索环境。

从中可以看出，实习教师之所以能够在面对教育实习中的"现实冲击"时采取积极的应对策略，主要与实习教师自身的知识和技能贮备、教师所在的环境以及合作教师提供的支持有着重要的联系。值得指出的是，本研究中的实习教师尽管整体上采取积极的调适策略，但这并不意味着她们的专业学习表现为同一的过程。相反，实习教师的专业学习在具体调适策略上呈现出不小的差异性。恬静在遭遇教学中的"失败"和"不理想"等问题时，表现出的是强烈的负面情感经历和暂时的退缩，然后才是困惑中的积极求索。究其原因，这主要是和恬静的文静（稍微有点内向）性格相关。和恬静不同的是，苏雅在遭遇挑战和困难时很少经历特别强烈的负面情感，而是积极性特别高的探索和尝试。这主要与苏雅乐观开朗的性格以及英语语言能力优秀所带来的自信有关。洋洋在教学中经历挫折和困难时，尽管也会经历负面情感的冲击，但是洋洋往往会应激性地表现出策略性地回避关键问题。而这时候，合作教师的鼓励性指导发挥着十分重要的作用，推动着洋洋积极思考核心问题并进行探索。因此，由于实习教师在个人性格、知识与技能贮备、专业愿景以及合作教师的具体指导风格等方面的差异，她们在采用应对策略和过程中会呈现多种路径，但在消极妥协和积极调适的联系体上的表征都表现出靠近积极调适。

情境学习理论认为学习是实践中的参与和文化适应（Lave & Wenger，1991；王文静，2005），从社会参与的宏观视角揭示了学习的本质。体验学习理论则从主体经验视角指出学习在具体体验和抽象概括，行动实验与反思性观察之间互动中的生成过程。实习教师专业学习过程体现了学习参与的本质，也生动诠释了体验性学习的具体过程。不仅如此，实习教师专业学习的应对挑战与困难的策略和过程把宏观的参与本质与微观的体验、反思过程联系起来，反映了实习教师在具体的社会参与环境中如何参与，如何反思，如何体验等学习机制问题。这将是下一节讨论的要点。

6.1.2 挑战与支持张力中的积极调适

本研究中，实习教师都遭受了不同程度的现实冲击。本研究发现适度的现实冲击实质上是实习教师专业学习发生的触发器，是引发实习教师探索和反思的初始条件。Tang（2003）认为实习教师在实习中经历的"断裂"和"失衡"是促使其专业学习发生的重要因素。在本研究中，"断裂"和"失衡"造成的不平衡状态促使实习教师在实践中追求理论与实践的"弥合"，专业认同的平衡。换句话说，正是由于有了实践中的问题和挑战，实习教师的教育教学才不至于处于一种稳定的静止状态——无意识地重复某种既定的教学步骤，而是去实践中探索、去尝试，并追求一种理论和实践中的平衡。这与活动理论中内在矛盾是学习发展的根本动力旨趣是一致的。

教育实习场域中的"现实冲击"或挑战是教师专业学习的触发器。但是，正如6.1.1中所阐述，实习场域中所能获得的支持是保证专业学习发生的重要因素。在应对现实冲击的过程中，本研究中的三位实习教师获得了充足而恰当的环境支持、专业支持和情感支持。宽容的低风险的专业实践环境、启发性的专业指导、积极的情感支持，给了她们充足的试误机会，鼓励并引导着她们在实践中大胆探索，减少探索的盲目性，提高解决问题的方向性和成功的概率。

因此，要理解现实冲击之于实习教师专业学习的意义，首先要考察的是实习场域中的挑战和支持之间的张力。如果没有挑战或者挑战太小而不足以引发实习教师关注某个问题并进行探索，实习教师将处于一种被动完成任务的状态，实习教师的主动性和专业知识能力不能被激发，最乐观的结果就是实习教师能在实践中训练大学里面所学的专业技能，专业学习也因此将处于一种停滞的状态。相反，如果实习场域中所提供的支持不足，甚至实习教师遭遇的是冷漠和嘲讽，实习教师将在"逆境中"挣扎求生，采取的是消极的回避策略，导致实习教师在教学中退缩并采取最安全的教学方式。因此，要促成教师专业学习的顺利发生以及良好的学习效果，最理想的环境就是教育教学中较高强度的挑战和较高水平的专业支持所形成的促发实习教师进行探索、反思和生成理解的张力。在这种张力的作用下，实习教师对自己的教育教学行为进行积极的调适成为可能，并能够在调适中整合理论知识、行为体验、探索反思和效果评价以生成新的理解和行为策略。这印证了 Tang（2003，2004）在实习教师专业学习动力机制研究中的发现。

值得注意的是对教育实习环境中的挑战和支持的考察必须置于实习教师主体性视角之下理解。实习教师在教育教学中所体验到的困难和挑战与实习教师的专业愿景，教育教学知识储备以及对教育教学关注点有关。专业愿景决定着实习教师对教育教学行为效果和目标的期待，对教育教学的关注点的不同影响着实习教师对教学行为和效果评价的取舍，教育教学知识储备影响着实习教师观察教学行为的视角和向度。另外，实习教师在教育实习中所获得的专业支持与实习教师的主动性有关，实习教师是否能主动向合作教师、同侪以及专业环境中的其他人员寻求帮助是建构支持性环境的重要影响因素。因此，在讨论实习教师专业学习机制时，除了从环境中的挑战强度和支持水平方面加以考察，还必须重视实习教师的主观性因素。

因此，实习教师的主体性因素是专业学习的源动力，而实习场域中的挑战和支持之间的张力是专业学习的助推器。基于此，实习教师专业学习的机制可以用图6表示。如图6所示，实习教师的主体性因素决定着实习教师对教育教学情境中问题和困难的认知和评价，也影响着实习教师对专业支持资源的开发和利用，因此处于专业学习机制的核心地位。而教育教学活动中所遭遇的挑战和一定强度的困难，以及专业支持的较高水平则是促进实习教师积极调适——大胆探索、勇敢试误并在反思中生成理解——重要推动力。

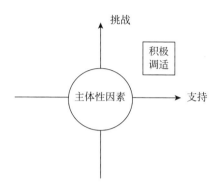

图 6　实习教师专业学习机制

6.2　课程改革背景下的实习英语教师专业学习

6.2.1　课程改革背景下实习教师专业学习的机遇与阻抗

当前，始于 2001 年的第八次基础教育课程改革正处于关键时期。在这一阶段，广大一线教师和教育管理者在教育教学理念革新方面已经取得了不小的成绩。但是，由于受具体环境、升学压力以及专业支持不多等因素的影响，很多教师虽然对新课程理念持支持态度，但是在教学实践上却不能践行新理念（王蔷，2008）；更有甚者对课程改革持拒抗态度（魏春梅、邵光华，2013）。另外，职前教师教育阶段是教师课程教学观念成长的起点，教育实习期则是职前教师的课程教学观念与教育教学实践交汇的起始阶段（Rozelle & Wilson，2012），对形塑职前教师对新课程理念和实践的态度、认知和理解有着尤其重要的作用。在此背景下，职前教师教育担负为未来培养合格的新课程教师的重要责任，也是推动课程改革顺利进行的重要环节。职前教师教育院校能否为中小学校培养了解课程改革、支持课程改革、践行课程改革理念的合格教师，对于当前的基础教育课程改革有着重大的意义。

从理论上讲，基础教育课程改革一方面能够推动师范院校更新教师教育课程的内容和形式，培养职前教师对新课程理念、现代教育理论和中小学校的教学实际情况的理解，这为实习教师的教育实践奠定了良好的知识基础；另一方面，基础教育课程改革培养了一批锐意改革，既熟悉新课程理念又精通教育教学实践实习的专家型教师，这使实习教师在教育实践中获得专业化的指导成为可能。因此，基础教育课程改革在理论上为实习教师专业学习提供了良好的环境和机遇。

然而，左瑞勇、王纬虹（2008），李虎林（2009）以及程晓堂、孙晓慧（2011）等的研究发现，在实践中，职前教师教育并不能够满足基础教育改革提出的要求，不少师范毕业生不能适应课程改革提出的理念和实践的要求。这种结果的出现与当前教师教育课程中学生教育教学实践机会缺乏，教师教育课程内容陈旧且脱离实践有着密切的关系（王蔷等，2007；邹为诚，2009）。而实习教师专业学习研究则进一步发现，现行的教师教育课程中虽然重视新课程理念的学习，如教育部颁布的《教师教育课程标准》也把课程标准的解读作为教师教育课程的重要内容，但是在教育实习阶段，职前教师在大学了解到的新课程理念在现实中却遭遇无法实践的尴尬，实习教师不得不放弃践行新课程理念的尝试，而向机械式、灌输式的教育模式妥协。Shkedi 和 Laron（2004）以及林一钢（2009）的研究发现——实习教师的新的教学理念和探索在教学实践情境中遭到消解和阻抗。

新课程改革背景下的实习教师专业学习遭遇的阻抗主要表现为学校的教学文化以及合作教师的教学理念与实习教师的教学理念和行为不相容，并且阻挠实习教师采取相应的教育实践。产生阻抗的原因主要是合作教师和学校害怕实习教师的新教学理念和行为影响学生的升学成绩，而实习教师由于得不到合作教师的认可和支持而放弃对新课程教学的尝试。更重要的是，学校环境对新的教学理念持怀疑和阻抗态度，这导致实习教师基于新教学理念的教学实践尝试在遭遇到挑战和困难时不但无法获得合作教师的支持，而且会被合作教师引向把教学实践尝试的失败归咎于新的教学理念。这样，实习教师丧失了在挑战和支持的张力中进行探索、反思的机会，从而无法在实践中理解和调试新的教学理念。而且，教育实习中的这种"反教育"对实习教师的教育教学理念发展有着巨大的负面作用，容易使实习教师对新课程理念产生排斥。

与此相反，本研究中的合作教师所在的学校环境对新课程理念认同度较高，三位合作教师对新课程理念有着深刻的理解。更可贵的是，她们在实践中不断调适教育教学内容和方法，探索既符合宏观课程改革要求，又与教学环境、学生需求等本土因素相协调的教育教学途径。这种新课程理念与本土实践相融合的课程教学观念使合作老师能够引导实习教师探索新课程观在教育教学中的实践，探究新课程教育实践与教育实践中的环境因素、学生因素、社会因素之间的相互调适。因此，在本研究中，三位实习教师在教育实践中都积极践行新课程理念，并在实践中探索新课程理念在不同的教学环境中的实现形式，把理论意义上的新课程理念转化成实践中的新课程实践理论，促成了理念和实践的初步协调，打消了她们对新课程改革的疑虑。

分析实习教师的新课程教学理念发展在教育实习中获得截然不同的变化原因，不难发现实习教师所处的教学环境和合作教师的课程教学观念起到至关重要的作用。影响实习教师专业学习因素不仅仅局限于合作教师的指导方式和风格，合作教师及其所在环境的课程教学观实质上在更大程度上影响着合作教师指导的内容和质量，对教师专业学习过程的启动有着重要的影响。因此，在课程改革背景下的教育实习组织中，选聘支持课程改革的实习学校和选聘怀有新课程理念的合作教师具有重要的意义。

6.2.2 促进实习教师新课程理念发展的环境建构

基于6.2.1的分析和讨论，如何建构有利于促进实习教师新课程理念发展的教师专业学习环境，避免阻碍甚至"扼杀"实习教师课程观念发展的不利因素成为十分迫切的讨论议题。

在6.2.1的讨论中，合作教师对新课程的理解以及实践教学中对新课程理念的践行程度，影响着他们对实习教师教育教学实践的指导内容和方式，并最终影响着实习教师新课程理念的发展。因此，选聘合作教师显得异常重要。一些学者认为在当前很多学校不愿意接收实习教师的语境下，严格选聘合作教师显得十分不切合实际（林一钢，2009）。但是，从本研究中可以看出，优秀的合作教师最重要的核心标准并不是重点中学的教学名师，而是愿意践行新课程理念，具备反思能力和探索精神的老师。课程改革过程中涌现了许多这样的老师，因此，选聘合适的合作教师并不是不可能。

此外，本研究发现，促进实习教师新课程理念发展的关键，是要推动实习教师超越对新课程理念与应试文化、与传统教学方式相对立的简单化观点，是要实习教师在实践中结合本土情况探索新课程理念的实现方式。例如，本研究中的两位高中阶段的实习教师在实践中发现指向高级思维的阅读教学不但与学生的高考要求不矛盾，并且能在促进学生思维品质提升的同时提高学生应对高考的能力。建构促进实习教师新课程理念发展的环境并不是奢求一种理想的"反应式"的学校文化，而是要营造一种鼓励教学创新，鼓励教师追求教育教学与学生的发展要求和升学要求相统一的宽松氛围，反对把新课程与升学追求对立起来的简单化思维。因此，选择鼓励创新、追求学生发展与升学相统一的环境宽松的学校也十分重要。

最重要的是，本研究中，三位合作教师中的两位参与了实习教师所在学院的教授开展的高校与基础教育合作行动研究课题。行动研究课题的参与使两位教师能够在高校学科教育专家的指导下探索新的课程教育理念与本土化教育实践的融合。此外，行动研究参与促使两位合作教师自觉关注在教育教学实践中存在的问题并进行系统反思。不仅如此，她们在指导实习教师的过程中也注意通过实习教师的教学行为折射出的英语教育教学中的常见问题反思自己的教学行为和效果，并与实习教师一起探索改进的方略。以上说明了高校和中小学合作行动研究给培育具备反思力与探索精神的教师的作用，也间接说明了营造有利于促进实习教师新课程理念发展的教育实习环境离不开高校的介入。值得注意的是，高校和基础教育合作行动研究是一种良好的方式，但并不是唯一方式。师范院校可以通过多种方式介入，问题的关键在于师范院校与中小学校的合作，能够促进中小学校教师更好地关注教育教学理论与教育教学实践之间的相互促进作用，促进中小学校教师关注自己教学中的问题并由技术性反思走向实践性和批判性等更高层次的反思。

6.3 实习英语教师专业学习过程和结果的相依性

本研究发现，实习教师专业学习结果内部各因素之间、专业学习过程内部各因素之间，以及过程和结果之间是一种相互影响、相互依存的复杂关系。实习教师的专业学习发生于教育教学中存在的问题和实践探索的成效的张力之中。实习教师在实践中遭遇的问题可以表征为现实和期待之间的差距和冲突，实习教师和学生之间的冲突，以及实习教师的教学思想与合作教师的教学思想之间的冲突。这些冲突和差距是引发教师探索和反思的发射器。而实践探索和反思的过程离不开实习教师的受教育经验、教育理论知识与教学观念等因素的参与。探索和反思的过程所生成的专业学习结果——

反思力、理论知识、教学技能、实践性知识、教学观念的提升和发展又参与下一轮探索和反思。在这种迭代循环中，实习教师专业学习的过程和专业学习结果相互依存，专业学习过程的推进也离不开学习结果的持续介入，而学习结果也是在专业学习过程中不断结晶和成形。

因此，实习教师专业学习结果是一种形成性和过程性的结果，处于不断地变化和发展中。这种形成性的结果不是一种终点的状态，而是蕴含着开始新过程的潜势。从动态复杂系统视角看，这种过程和结果的相依性还可以扩展到学习与环境的相依性——学习的结果成为学习环境和条件的一部分，进而又反过来影响学习过程。但是，过程和结果的相依性并不意味着无法捉摸实习教师专业学习过程和结果，而是要求研究者拒绝简单化的线性思维，从整体上把握实习教师专业学习的各个阶段的特征和状态。

从实习教师专业学习和过程的相依性出发可以很好地统整现有研究文献中实习教师专业学习过程中各要素之间的割裂关系。现有的实习教师专业学习研究从不同的侧面探讨了实习教师的反思（Jensen, Foster & Eddy, 1997；Conway, 2001；Chitpin, et al., 2008；吴格奇, 2007；吴兆旺, 2011）在专业学习过程中的特点和重要作用。而有些研究（Da Silva, 2005；Buitink, 2009；Leko & Brownell, 2011；曲霞、周盼盼, 2012）则发现知识和概念在专业学习过程中的重要作用。另外一些研究则发现探索性教学在实习教师专业学习过程中的重要作用。尽管这些研究描绘了实习教师专业学习过程的不同侧面，但是不能提供一幅完整的专业学习过程图景，无法解释在专业学习过程中各个因素之间的互动关系。从实习教师专业过程和结果的相依性看，实习教师专业学习的过程是一个实践参与的过程；在这种参与中，实习教师的反思和探索是引发专业学习的关键。而反思力、探索精神、专业知识和技能既是专业学习过程中的重要参与因素，也是专业学习过程的结果。

更重要的是，学习过程和结果之间的相依性也能很好地解释现有教师专业学习结果研究发现之间的矛盾。在已有的实习教师学习结果研究文献中，大多数的文献（Hascher，Cocard & Moser，2004；Pence & Macgillivray，2008；Baek & Ham，2009；Ng，Nicholas & Williams，2010；蹇世琼等，2012）在整体上证实了实习场域中的专业学习有利于促进教学知识、教学技能、课程理解、专业认同和教学效能感等教师专业素养方面的提升。尽管这些研究在考察实习教师专业学习结果时侧重的项目不同（有些侧重整体素养，有些侧重素养的某一子项如实践性知识），但是研究结果都指向积极的变化。而另外一些学者——其中不乏像 Kagan，Zeichner 这样的国际知名教师、教育学者——的研究（Kagan，1992；Shkedi & Laron，2004；Hoy & Rees，1977；Zeichner，1981）却指出实习教师的教学信念、专业认同、教学反思力的发展不明显，甚至存在着向现实和习惯势力妥协和让步的负面发展趋势。把专业学习过程和结果连接起来看，一些实习教师学习研究中教师对现实和环境的妥协、教师反思能力、教育教学理念的发展停滞正是由于教师在实践参与中探索和反思过程没有被启动，而这种过程的停滞带来的后果是发展的停滞，并继续影响下一轮的反思和探索过程的展开。

第七章

结　论

基于对研究发现的分析和讨论，本章将回答研究初期提出的问题，呈现研究的基本结论。在此基础上，本章将概述研究发现对教育实习中组织者、高校教师教育者、指导老师、合作教师、实习教师的启示。最后，作者指出本研究的创新之处和局限性，并为未来的相关研究提出展望和建议。

7.1　研究结论

本研究采用质性个案研究方法，通过叙事取向的实习教师专业学习的整体图景呈现和概念取向的专业学习各要素之间关系的分析，对实习教师专业学习的过程、结果和影响因素进行了描述、理解和诠释。实习教师专业学习是一个复杂的边缘性参与过程，其学习结果也表现出形成性和动态性特征，影响实习教师专业学习的因素相互交错，表现为个体、人际、社会文化三层面之间生成的合力。本节将概括性地回答三个研究问题。

研究问题1：实习英语教师在教育实习中的专业学习是如何发生的？

实习英语教师专业学习是在准多样化的边缘性实践参与中，在专业支持和实践挑战的张力下探索、评价、反思、再探索的迭代循环过程。尽管三位实习英语教师在成长背景、专业愿景、学科专业素养、个性等方面存在差异，但是在专业学习过程中却呈现出内在的、深层次的共性机制。从社会文化的宏观层面看来，实习教师专业学习本质是多样态的边缘性实践参与过程，这种参与触及教师日常教学生活的各个层面和领域，但同时又呈现出由边缘性参与向中心参与的逐渐过渡趋势，因而实习教师能够在较为安全的环境下接触到学校教育的深层问题和非公共话题。这种过渡是实习教师和合作教师以及其他参与者在实习场域中互动协商其合法性和实践参与程度的过程，体现了实习教师在实践中建构身份和认同的努力。在合法的边缘性实践参与中，实习教师通过听课记录、教案、评课记录、日志、日常概念等话语和实物方式固化参与的经验，与实习场域中的其他参与者展开深层的协商和对话，生成经验的相关性和实践的意义。

从经验建构的微观层面看，实习教师专业学习是实践问题和实践成效互动作用下的体验和反思过程，具体展开轨迹包含问题启动关注、指向问题解决的探索以及效果评估和体验回观中的再探索的螺旋式发展循环。

而教育实习场域中的挑战和支持之间的张力是铰链宏观的社会文化参与和微观的体验学习的链条。挑战和支持是实习教师在多样态的边缘性实践参与中结成的社会关系与实践任务相互作用的结果。反映在微观的体验学习层次，这种相互作用则是实习教师的体验和反思的具体内容和对象。实践中的挑战引发实习教师注意实践的效果和其中存在的问题，并促使实习教师在以合作老师为主的多方支持下，调动知识和技能进行思考并探索实践行为优化和问题解决。因此，实习教师专业学习是实习教师在挑战和支持张力之间主动关注实践中的问题、进行探索，反思探索成效并不断改进和修正实践行动的迭代循环过程。

研究问题2：实习英语教师在教育实习中学到了什么？

研究表明，三位实习英语教师在教育实习中更好地整合了教育教学知识和技能，获得了对教育教学情境的深入认识，发展了教育教学观念，建构对英语教师的专业认同，尽管她们由于学习经历和知识技能储备的不同在具体的学习结果上呈现一定的差异。

从知识和技能方面看，实习教师在实践的问题解决中对接了知识和技能，并把知识和技能与具体的教育教学情境相融合。从情境的认识方面看，实习教师对教育教学情境的认识在广度和深度两个维度上获得拓展，在亲身体验中获得对学生、学校的教育文化、学校教育条件和限制的理解。在教学观念层面上，实习教师拓展了原有的课程教学观念，调和了理论上的教学观、信奉的教学观念以及践行的教学观念之间的矛盾，实现了由抽象的观念到实践的观念，简单化的认识到复杂性的理解的转变。从专业认同发展方面看，实习教师认识到英语教育教学的复杂性、情感性和智慧性特性，并体悟到英语教师工作的责任和义务，能够在不同程度上收获职业的自豪感和成就感。需要指出的是，实习教师专业学习的结果是动态性和形成性的，在参与的迭代循环中，学习结果也是新的参与——新的学习过程的要素。

研究问题3：影响实习英语教师专业学习的因素有哪些？

研究表明影响实习英语教师专业学习的因素主要包含个体、人际和社会文化三个层面，而且三个层面的因素之间相互嵌套，相互缠绕成一种合力。

在个体层面上，知识和技能储备影响着实习教师接近、思考和解决问题的方式和路径；语言能力影响着实习教师的问题关注领域；专业愿景则影响着实习教师的主体参与动力和学习投入，决定着教育实践的参与方式、数量和领域，进而影响着专业学习的方式和空间。

在人际层面，合作教师的启发式指导，师徒之间的共同探索和协商以及同侪间的相互介入为实习教师应对实践中的挑战提供外在的专业、精神和情感支持，并进而促发实习教师在实践中展开对话和反思。

在社会文化层面，学校的新课程文化给实习教师的教学探索提供了更宽广的空间，为实习教师调适理念和实践之间的不协调并深化新课程的理解提供了宽松的环境。但是，实习学校对实习教师的不信任和防备则在一定程度上制约着实习教师的自主探索空间，从而影响着实习教师专业学习中实践的广度和反思的深度。

7.2　研究的启示

本研究在呈现了实习英语教师专业学习的整体图景的基础上，分析了实习教师专业学习的过程、结果和影响因素，获得了对实习教师专业学习的理解。本研究对教育实习三方参与者——实习英语教师本身、大学教师教育机构、实习学校（尤其是合作教师）有着重要的启示。

7.2.1　对实习英语教师的启示

教师专业学习是在充满挑战的理论与实践张力之间寻找教育教学意义与认同的旅程。对于职前英语教师来说，教师专业学习发生于憧憬与焦虑、自负与自卑、新观念与旧习惯等紧张关系之间，发生于挑战和支持的张力之间，发生于对话和协商之中。在这些激烈的智识、情感和实践过程中，实习英语教师的主体性发挥之于教师专业学习仍然是最重要的源动力——在这一复杂的过程中，内在目标的导向、积极反思、密切合作和沟通有着重要的作用。

实习教师要怀抱积极的专业愿景，找准自己的专业目标定位，从内心深处出发去寻找自己向往的教师生活，追寻英语教师的专业意义。在专业学习的旅途中，实习教师要以内在专业目标作为努力的方向，以专业愿景作为奋斗目标，积极审视自己内心的需求，提防内在使命感在外在环境中被冲淡，被淹没。

在挑战和支持的张力之间，实习教师要主动迎接挑战，积极调适自己的行为和心理，拓宽教育教学实践参与的空间。在教学实践中检视自己的教学观念，通过多种渠道反思自己的教学行为。在行为和观念的冲突中，在多种声音的竞争中，在实践问题解决中与书本知识、与学生、与合作老师和同侪展开对话。

在应对教育实践的挑战中，实习教师要主动寻求合作教师的支持，与合作教师密切合作，积极沟通，营造和谐的"师徒关系"。实习教师要保持开放的心态，积极地对待实习教师的建议和批评，以批评和建议作为审视自己教学行为和观念的起点；同时要善于沟通，采取恰当的方式表达自己的想法和思考。

最后，实习教师要在实习前努力发展综合语言应用能力，并为教育实习积极充实自己的教学知识和技能储备。

7.2.2 对实习学校的启示

实习学校要为实习教师的教育实践和尝试营造宽松的环境，让实习教师在安全和充分支持的环境下进行探索。这要求实习学校一方面鼓励宽容的教育教学文化，营造宽松的课程创新文化和探索氛围；另一方面，给实习教师指派教学经验丰富，熟稔新课程理念和实践，具有反思力的合作教师。

合作教师是影响实习教师教育实习经验的性质和作用的最重要因素之一（Richards & Farrell，2011）。合作教师要全面认识指导实习教师教学之于实习教师专业学习和合作教师自身专业发展的重要意义。合作教师要给予实习教师足够的信任，引导实习教师全方位地参与教育教学实践。同时，合作教师要采取启发式的指导方式，通过多种方式支持实习教师的教育教学实践，引导实习教师关注教育实践中的重点问题，为实习教师的教育实践探索提供适切的帮助，引导实习教师评价和发思自己的教学行为。

此外，合作教师要保持开放和包容的心态，并为实习教师提供情感支持，允许实习教师在教育实践中的积极尝试和"犯错误"，帮助实习教师积极看待教育教学中的挑战并在应对挑战中看到自己的进步和成绩。

7.2.3 对高校英语教师教育机构的启示

高校英语教师教育机构要重视师范生语言基本功的训练，并适度发展师范生的元语言能力和文学鉴赏能力。在此基础上，高校的教师教育课程要在内容方面帮助师范生理解新的英语课程理念、新的语言教学理论；在实施形式上强调理论和实践的结合，引导师范生熟悉中小学英语教学现状，并了解课程理念和教学理论在实践中的多种实现途径。

此外，高校英语教师教育机构要与中小学展开合作，了解中小学对英语师资发展的要求和期待，并在合作中充分发挥科研和理论方面的优势，给中小学英语教师的发展提供支持，以此加强高校和中小学的互信和了解，为实习教师营造更好的教育实习外部环境。

在选派指导教师方面，高校教师教育机构要为教育实习选聘能够理论联系实践的专业指导教师。同时，倡导高校的指导教师不仅要作为教育实习的评价者和组织者，更要强调指导教师在配合合作教师进行教育教学指导方面的作用。

7.3   研究创新

本研究致力于获得实习教师专业学习的整体性理解，揭示了实习教师专业学习的复杂性和动态性。其创新之处体现在研究视角、研究理论应用和研究取向三个方面。在研究视角方面，本研究从教师专业学习视角出发考察职前英语教师在教育实习中的体验、经验、反思和收获；以职前教师作为主动学习者的视角分析了实习场域中的专业实践环境、指导关系之于实习教师内在学习过程和外在学习结果的重要作用。这种整体性的学习视角一方面跳出了从教育实习政策、教育实习时间、教育实习效果等角度批判教育实习的研究的局限；另一方面又在前人从教师知识、反思或认同发展某一角度切入教育实习研究基础上进一步考察教育实习的整体过程，从而呈现了教育实习中职前英语教师作为学习者主体性的发挥，与环境的互动以及内在的对话过程。

在理论应用方面，本研究融合了聚焦宏观社会文化的情境学习理论和强调微观经验加工的体验学习理论，从宏观的实践参与及微观的体验和反思等核心概念出发，呈现了实习英语教师的宏观社会化过程和嵌套其中的微观知识、技能、观念和认同的生成过程。这种宏观和微观视角的融合弥补了情境学习理论在考察教师专业学习中的探索和反思过程与意义方面的不足，又避免了仅仅关注教师的反思和探索而割裂教师专业学习与环境的关系的局限性。

在研究取向上，本研究采取质性个案研究方法，在呈现研究发现时通过故事取向的实习教师专业学习图景描绘保留研究资料和发现的整体性和情境性；同时通过概念取向的分析打碎故事以期揭示实习教师专业学习的内在机制、过程、意义等共性。质性个案研究不以线性的化约规律作为追求目标，而是把研究对象置身于复杂的社会文化和具体的情境中，关注具有情感的人，主体性的个体在相互嵌套的关系中，在与环境的对话中，在内心的愿景的影响下的具体学习过程和结果，因而能够最大限度地保留实习教师专业学习这一复杂现象的质感。

7.4　研究的局限及将来研究的展望

本研究在研究对象的丰富性方面有进一步拓展的空间，在研究和分析的视角方面还存在拓宽的可能。

从研究参与者的选取来看，本研究选取的是中国重点师范大学的免费师范生，享受着十分优秀的教育资源，获得了高质量的教师教育培养；她们所在的实习学校也是大城市的重点示范学校，有着极好的教育教学环境和较为先进的教育教学理念。研究这些优越环境中较为优秀的实习教师对理解实习教师专业学习的机制有着重要的作用，甚至也能给教育实习参与者、教育实习组织和管理提供一定的示范作用，但是未来的研究可以更多地研究普通环境下的实习教师，进一步考察实习教师在不同程度的支持环境下如何应对不同强度的挑战，并对与之相应的学习状态和结果进行分析和讨论。另外，本研究中的三位研究参与者全部为女性，因而本研究没有探讨性别因素在实习教师专业学习中的作用，将来的研究可以考察作为男性实习英语教师和女性实习英语教师在专业学习过程和结果方面的差异。

本研究主要聚焦于实习英语教师，因此在研究资料收集和分析过程中主要以实习英语教师为中心，从实习英语教师的视角考察她们是如何与环境进行对话，如何在环境中调适自己的教育教学行为，如何进行反思，教学观念和专业认同如何转变等。尽管本研究没有忽视与教师专业学习有着紧密联系的合作教师、实习学校的中学生和同侪，但是平衡合作教师、学生和实习教师的视角的研究能为更深层、更全面地理解实习教师专业学习提供可能。

参考文献

一 英文文献

Aydin, S., Demirdogen, B., & Tarkin, A. (2012), Are they efficacious? Exploring pre – service teachers' teaching efficacy beliefs during the practicum. *Asia – Pacific Education Review*, 21 (1), 203 – 213.

Baek, S., & Ham, E. H. (2009), An evaluation study on the educational value of teaching practicum in secondary schools. *Asia – Pacific Education Review*, 10 (2), 271 – 280.

Ball, D. L., & Cohen, D. K. (1999), Developing practice, developing practitioners: Towarda practice – based theory of professional education. In L. Darling – Hammond and G. Sykes (eds.), *Teaching as the Learning Profession*, SanFrancisco: Jossey – Bass, 3 – 31.

Barab, S. A., & Duffy, T. (2012), From practice fields to communities of practice. In Jonassen, D. & Land, S. (eds), *Theoretical Foundations of Learning Environments (Second Edition)*, New York: Routledge, 25 – 55.

Borg, S. (2003), Teacher cognition in language teaching: A review of research on what language teachers think, know, believe, and do. *Language Teaching*, 36 (2), 81 – 109.

Boud, D., & Walker, D. (1990), Making the most of experi-

ence. Studies in Continuing Education, 12 (2), 61 – 80.

Britzman, D. P. (2003), *Practice Makes Practice*: *A Critical Study of Learning to Teach.* Albany: State University of New York Press.

Brown, T. (2006), Negotiating psychological disturbance in pre – serviceteacher education. Teaching and Teacher Education, 22 (6), 675 – 689.

Buitink, J. (2009), What and how do student teachers learn during school – based teacher education. *Teaching and Teacher Education*, 25 (1), 118 – 127.

Bullough Jr, R. V., Young, J., & Draper, R. J. (2004), One – year teaching internships and the dimensions of beginning teacher development. *Teachers and Teaching*, 10 (4), 365 – 394.

Burant, T. J., & Kirby, D. (2002), Beyond classroom – based early field experiences: understanding an "educative practicum" in an urban school and community. *Teaching and Teacher Education*, 18 (2), 561 – 575.

Calderhead, J. (1988), *Teachers' Professional Learning*, London: Falmer Press.

Capel, S. A. (1997), Changes in students' anxieties and concerns after their first and second teaching practices. *Educational Research*, 39 (2), 211 – 228.

Caires, S., Almeida, L. S., & Martins, C. (2010), The Socioemotional Experiences of Student Teachers During Practicum: A Case of Reality Shock? *Journal of Educational Research*, 103 (1), 17 – 27.

Chitpin, S., Simon, M., & Galipeau, J. (2008), Pre – service teachers' use of the objective knowledge framework for reflection during practicum. *Teaching and Teacher Education*, 24 (8), 2049 – 2058.

Clandinin, J. D. , & Connelly, F. M. (2000), *Narrative Inquiry：Experience and Story in Qualitative Research.* San Francisco：Jossey – Bass.

Clark, C. M. , & Peterson, P. L. (1984), *Teachers' thought Processes* (pp. 255 – 296), Institute for Research on Teaching, Michigan State University, 255 – 296.

Conway, P. F. (2001), Anticipatory reflection while learning to teach：From a temporally truncated + 68 + to a temporally distributed model of reflection in teacher education. *Teaching and Teacher Education*, 17 (1), 89 – 106.

Creswell, J. W. (2007), *Qualitative Inquiry & Research Design：Choosing among Five Approaches.* Thousand Oaks：Sage Publications.

Crookes, G. (2003), *A Practicum in TESOL：Professional Development through Teaching Practice.* Cambridge：Cambridge University Press.

Da Silva, M. (2005), Constructing the teaching process from inside out：how pre – service teachers make sense of their perceptions of the teaching of the four skills. *TESL – EJ*, 9 (2), 1 – 19.

Dewey, J. (1904), *The Relation of Theory to Practice in the Education of Teachers*, Vol. 3, University of Chicago.

Dewey, J. (1933), *How we Think (Revised Edition)*, Boston：DC Heath.

Easton, L. B. (2008), From Professional Development toProfessional Learning. *Phi Delta Kappan*, 89 (10)：755 – 761.

Ehrich, L. C. , & Millwater, J. (2011), Internship：interpreting micropolitical contexts. *Australian Educational Researcher*, 38 (4), 467 – 481.

Feiman – Nemser, S. , & Remillard, J. (1995), *Perspectives on*

Learning to Teach. East Lansing, MI: National Center for Research on Teacher Learning, Michigan State University.

Fenwick, T. J. (2000), Expanding conceptions of experiential learning: A review of the five contemporary perspectives on cognition. *Adult Education Quarterly*, 50 (4), 243 - 272.

Freeman, D. (1990), Intervening in practice teaching (103 - 117), In Richards, J. C. & Nunan, D. (eds.), *Secong Language Teacher Education.* Cambridge: Cambridge University Press.

Freeman, D. (1996), The "unstudied problem": Researchon teacher learning in language teaching (351 - 378), in Freeman, D., & Richards, J. C. (eds.), *Teacher Learning in Language Teaching.* New York: Cambridge University Press.

Friesen, M. D., & Besley, S. C. (2013), Teacher identity development in the first year of teacher education: A developmental and social psychological perspective. *Teaching and Teacher Education*, 36 (0), 23 - 32.

Fullan, M. G., & Miles, M. B. (1992), Getting reform right: What works and what doesn' t. Phi Delta Kappan, 73 (10), 745 - 752.

Funk, F. F., Long, B., Keithley, A. M., & Hoffman, J. L. (1982), The cooperating teacher as most significant other: A competent humanist. *Action in Teacher Education*, 4 (2), 57 - 64.

Gebhard, J. G., 1990, Models of supervision: Choices. in Richards, J. C., & Nunan, D. (eds.), *Second Language Teacher Education.* Cambridge: Cambridge University Press.

Goh, K. C., Wong, A. F. L., Choy, D., & Tan, J. P. I. (2009), Confidence levels after practicum experiences of student teachers in Singapore: An exploratory study. *Kedi Journal of Educational Policy*, 6 (2), 121 - 140.

Goker, S. D. (2006), Impact of peer coaching on self – efficacy and instructional skillsin TEFL teacher education. *System*, 34 (2), 239 – 254.

Greeno, J. G. (1998), The situativity of knowing, learning, and research. American psychologist, 53 (1), 1 – 15.

Greeno, J. G. , Collins, A. M. , & Resnick, L. B. (1996), Cognition and learning, in D. Berliner & R. Calfee (Eds.), *Handbook of Educational Psychology*, New York: Macmillan, 15 – 46.

Gu, P. (2007), *Chinese EFL Teachers as Learners: Context, Knowledge, and Practice.* Unpublished doctoral dissertation, Columbia University, New York.

Gurvitch, R. , & Metzler, M. W. (2009), The effects of laboratory – based and field – based practicum experience on pre – service teachers' self – efficacy. *Teaching and Teacher Education*, 25 (3), 437 – 443.

Hall, J. K. , & Davis, J. (1995), What we know about relationship that develop between cooperating and student – teachers. *Foreign Language Annals*, 28 (1), 32 – 48.

Hamachek, D. (1999), Effective teachers: What they do, howthey do it, and the importance of self – knowledge. In R. P. Lipka, & T. M. Brinthaupt (eds.), *The Role of Self in Teacher development*, Albany, NY: State University of New York Press, 189 – 224.

Hascher, T. , Cocard, Y. , & Moser, P. (2004), Forget about Theory – Practice Is All? Student Teachers' Learning in Practicum. *Teachers and Teaching: Theory and Practice*, 10 (6), 623 – 637.

Hodge, S. R. , Tannehill, D. , & Kluge, M. A. (2003), Exploring the meaning of practicum experiences for PETE students. *Adapted Physical Activity Quarterly*, 20 (4), 381 – 399.

Hoy, W, & Rees, W. (1977), The bureaucratic socialization of student teachers. *Journal of Teacher Education*, 28, 23 – 26.

Jensen, M. , Foster, E. , & Eddy, M. (1997), Creating a space where teachers can locate their voices and develop their pedagogical awareness. Teaching and Teacher Education, 13 (8), 863 – 875.

Johnson, K. E. (1996), The vision versus the reality: The tensions of the TESOL practicum. In Freeman, D. , and Jack C. Richards, (eds.), *Teacher Learning in Language Teaching*. Cambridge University Press, 30 – 49.

Johnson, K. E. (2009), *Second Language Teacher Education: A Sociocultural Perspective*. New York: Routledge.

Johnson, K. E. , & Golombek, P. R. (2003), "Seeing" teacher learning. *TESOL Quarterly*, 37 (4), 729 – 737.

Kagan, D. M. (1992), Professional growth among preservice and beginning teachers. *Review of Educational Research*, 62 (2), 129 – 169.

Kelly, P. (2006), What is teacher learning? A socio – cultural perspective. *Oxford Review of Education*, 32 (4), 505 – 519.

Kolb, D. A. (1984), *Experiential Learning: Experience as the Source of Learning and Development*, Vol. 1, Englewood Cliffs, NJ: Prentice – Hall.

Kolb, A. Y. , & Kolb, D. A. (2005), Learning Styles and Learning Spaces: Enhancing Experiential Learning in Higher Education. *Academy of Management Learning & Education*, 4 (2), 193 – 212.

Korthagen, F. A. (2004), in search of the essence of a good teacher: Towards a more holistic approach in teacher education. *Teaching and Teacher Education*, 20 (1), 77 – 97.

Kyriacou, C. , & Stephens, P. (1999), Student teachers' concerns during teaching practice. *Evaluation and Research in Education*, 13 (1), 18 – 31.

Lacey, C. (2012), *The Socialization of Teachers*. New YorkRoutledge.

Lantolf, J. P. (2000) . *Sociocultural Theory and Second Language Learning*. Oxford: Oxford University Press.

Lave, J. , & Wenger, E. (1991), *Situated Learning: Legitimate Peripheral Participation*. Cambridge: Cambridge university press.

Lave, J. (1996), Teaching, as learning, in practice. *Mind, Culture, and Activity*, 3 (3), 149 – 164.

LeCompte, M. D. , Preissle, J. , & Tesch, R. (1993), Ethnography and qualitative design in educational research.

Leko, M. M. , & Brownell, M. T. (2011), Special education preservice teachers' appropriation of pedagogical tools for teaching reading. *Exceptional Children*, 77 (2), 229 – 251.

Loughran, J. , Berry, A. , Clemans, A. , Keast, S. , Miranda, B. , Berry, A. , Tudball, E. (2011), Exploring the nature of teachers' professional learning (93 – 102), in Lauriala, A. et al. (eds.), *Navigating in Educational Contexts*, Sense Publishers.

Malmberg, L. , & Hagger, H. (2009), Changes in student teachers' agency beliefs during a teacher education year, and relationships with observed classroom quality, and day – to – day experiences. *British Journal of Educational Psychology*, 79 (4), 677 – 694.

McIntyre, D. J. , Byrd, D. M. & Foxx, S. M. (1996), Field and laboratory experiences, in: Sikula, J. , Buttery, T. J. & Guyton E. (eds.), *Handbook of Research on Teacher Education*, 2nd edition, New York: Macmillan Library Reference.

Merriam, S. B. (1998), *Qualitative Research and Case Study Applications in Education*. Revised and Expanded from "*Case Study Research in Education*", San Francisco: ERIC.

Mosley, M., & Zoch, M. (2012), Tools that come from within: Learning to teach in a cross – cultural adult literacy practicum. *Teaching and Teacher Education*, 28 (1), 66 – 77.

Mule, L. (2006), Preservice teachers' inquiry in a professional development school context: Implications for the practicum. *Teaching and Teacher Education*, 22 (2), 205 – 218.

National Center for Research on Teacher Education (1988), Teacher Education and Learning to Teach: A Research Agenda. 39 (6), 27 – 32.

Ng, W., Nicholas, H., & Williams, A. (2010), School experience influences on pre – service teachers' evolving beliefs about effective teaching. *Teaching and Teacher Education*, 26 (2), 278 – 289.

Nguyen, H. T. (2009), An inquiry – based practicum model: What knowledge, practices, and relationships typify empowering teaching and learning experiences for student teachers, cooperating teachers and college supervisors? *Teaching and Teacher Education*, 25 (5), 655 – 662.

OngOndo, C. O., & Borg, S. (2011), "We teach plastic lessons to please them": The influence of supervision on the practice of English language student teachers in Kenya. *Language Teaching Research*, 15 (4), 509 – 528.

Oosterheert, I. E., & Vermunt, J. D. (2001), Individual differences in learning to teach: Relating cognition, regulation and affect. *Learning AndInstruction*, 11 (2), 133 – 156.

Ozkan, Y. (2011), Construct Shift of Trainee Teachers in English Language after Practicum Experience. *Social Behavior and Personality*, 39 (5), 607 – 614.

Patton, M. Q. (2002), *Qualitative Research and Evaluation Methods* (3rd Edition), Thousand Oaks: Sage Publications.

Pence, H. M., & Macgillivray, I. K. (2008), The impact of an international field experience on preservice teachers. *Teaching and Teacher Education*, 24 (1), 14 –25.

Pennington, M. C. (1990), A professional development focus for the language teaching practicum. In Richards, J. C. & Nunan, D. (eds.), *Second Language Teacher Education*. Cambridge: Cambridge University Press.

Phelan, A., McEwan, H., & Pateman, N. (1996), Collaboration in student teaching: Learning to teach in the context of changing curriculum practice. *Teaching and Teacher Education*, 12 (4), 335 –353.

Pungur, L. (2007), Mentoring as the key to a successful student teaching practicum: A comparative analysis. In Townsend, T. & Bates, R. (eds.), *Handbook of Teacher Education*, 267 – 282. Netherlands: Springer.

Richards, J. C., & Crookes, G. (1988), The practicum in TESOL. *TESOL Quarterly*, 22 (1), 9 –27.

Richards, J. C., & Farrell, T. S. (2011), *Practice Teaching: A Reflective Approach*. Cambridge: Cambridge University Press.

Richardson, V. (1996), The role of attitudes and beliefs in learning to teach. In J. Sikula (eds.), *Handbook of Research on Teacher Education* (2nd edition), New York: Macmillan (102 –119).

Richardson, V. (2003), Preservice teachers' beliefs. In J. Raths, & A. C. McAninch (eds.), Teacher beliefs and classroom performance: The impact of teacher education, volume6: Advancesinteachereducation, Greenwich, CT: Information Age, 1 –22.

Roberts, J. (1998), *Language Teacher Education*. London: Arnold.

Rozelle, J. J., & Wilson, S. M. (2012), Opening the black box of field experiences: How cooperating teachers' beliefs and practices-sshape student teachers' beliefs and practices. *Teaching and Teacher Education*, 28 (8), 1196 – 1205.

Salzillo, F., & Van Fleet, A. (1977), Student teaching and teacher education: A sociological model for change. *Journal of Teacher Education*, 28 (1), 27 – 31.

Sanford, K., & Hopper, T. (2000), Mentoring, not monitoring: Mediating a whole – school model in supervising preservice teachers. *Alberta Journal of Educational Research*, 46 (2), 149 – 166.

Schon, D. A. (1983), *The Reflective Practitioner: How Professionals Think in Action*. New York: Basic books.

Schulz, R., & Mandzuk, D. (2005), Learning to teach, learning to inquire: A 3 – year study of teacher candidates' experiences. *Teaching and Teacher Education*, 21 (3), 315 – 331.

Segers, M., & Van Der Haar, S. (2011), The experiential learning theory: D. Kolb and D. Boud. In Dochy, F., Etal. (eds.), *Theories of Learning for the Workplace: Building Blocks for Training and Professional Development Programmes*. New York: Routledge.

Shkedi, A., & Laron, D. (2004), Between idealism and pragmatism: A case study of student teachers' pedagogical development. *Teaching and Teacher Education*, 20 (7), 693 – 711.

Shulman, L. S. (1986), Those who understand: Knowledge growth in teaching, *Educational Researcher*, 15 (2), 4 – 14.

Soykurt, M. (2010), Practicum students' life in a nutshell. *Innovation and Creativity in Education*, (2), 5313 – 5325.

Stones, E. (1987), Teaching practice supervision: Bridge between theory and practice. *European Journal of Teacher Education*, 10 (1), 67 – 79.

Stoynoff, S. (1999), The TESOL practicum: An integrated model in the US. *TESOL Quarterly*, 33 (1), 145 – 151.

Tang, S. Y. F. (2003), Challenge and support: The dynamics of student teachers' professional learning in the field experience. *Teaching and Teacher Education*, 19 (5), 483 – 498.

Tang, S. Y. F. (2004), The dynamics of school – based learning in initial teacher education. *Research Papers in Education*, 19 (2), 185 – 204.

Tomas, Z. , Farrelly, R. , & Haslam, M. (2008), Designing and Implementing the TESOL Teaching Practicum Abroad: Focus on Interaction. *TESOL Quarterly*, 42 (4), 660 – 664.

Tsui, A. B. M. (2003), *Understanding Expertise in Teaching*. Cambridge: Cambridge University Press.

Wallace, M. (1991), *Training Foreign Language Teachers*. Cambridge: Cambridge University Press.

Wenger, E. (1998), *Communities of Practice: Learning, Meaning, and Identity*. Cambridge: Cambridge university press.

Yin, R. K. (2009), *Case Study Research: Design and Methods*. Fourth Edition. London: Sage Publications.

Zeichner, K. M. (1981), Reflective teaching and field – based experience in teacher education. *Interchange*, 12 (4), 1 – 22.

Zeichner, K. (1992), Rethinking the practicum in the professional development school partnership. *Journal of Teacher Education*, 43 (4), 296 – 307.

Zeichner, K. (1996), Designing educative practicum experiences for prospective teachers. In K. Zeichner (ed.), *Currents of Reform in Pr-*

eservice Teacher Education. New York：Teachers College Press.

二 中文文献

蔡碧莲、邓怡勋：《教育实习中的专业学习》，《当代华人教育学报》2004 年第 2 期。

操太圣、卢乃桂：《论课程改革背景下学校管理者角色的调适》，《中国教育学刊》2006 年第 5 期。

车广吉、丁艳辉：《试析教育实习学生的成绩评定问题》，《东北师大学报》（哲学社会科学版）2011 年第 4 期。

陈冀平：《混合编队教育实习模式探讨》，《高等师范教育研究》2000 年第 4 期。

陈静安：《五国教育实习模式比较研究》，《课程·教材·教法》2004 年第 5 期。

陈向明：《质的研究方法与社会科学研究》，教育科学出版社 2000 年版。

陈向明：《在参与和对话中理解和解释》（质性研究方法译丛总序），重庆大学出版社 2007 年版。

陈向明：《搭建实践和理论之桥：教师实践性知识研究》，教育科学出版社 2011 年版。

陈阳：《大学与中小学合作的教育实习模式——以美国威尔明顿大学的协同督导模式为例》，《外国教育研究》2008 年第 9 期。

程晓堂、孙晓慧：《中国英语教师教育与专业发展面临的问题与挑战》，《外语教学理论与实践》2010 年第 3 期。

邓艳红：《高等师范小学教育专业教育实践活动方案构想》，《课程·教材·教法》2004 年第 6 期。

丁炜：《师范生教育实习课程改革：问题归因与实践对策——基于上海师范大学小学教育专业的个案调研》，《课程·教材·教法》2012 年第 3 期。

杜威著，姜文闵译：《我们怎样思维：经验与教育》，人民教育出版社 1991 年版。

高洪源、赵欣如：《关于强化与创新高师教育实习的构想》，《高等师范教育研究》2000 年第 3 期。

高文：《教育中的若干建构主义范型》，《全球教育展望》2001 年第 3 期。

顾明远：《教育大辞典》，上海教育出版社 1998 年版。

郭新婕、王蔷：《教育实习与职前英语教师专业发展关系探究》，《外语与外语教学》2009 年第 3 期。

胡灵敏：《全程教育实习法："准教师诱导训练模式"的研究与实践》，《高等师范教育研究》2000 年第 6 期。

胡青、刘小强：《中部地区师范院校教师教育实习模式的新理念》，《教师教育研究》2007 年第 1 期。

胡新建、胡艳：《实践性知识视角下的职前教师教育——以课例研究在职前外语教师教育课程中应用为例》，《成人教育》2012 年第 8 期。

蹇世琼、饶从满、回俊松：《教育实习中实习生教学能力发展的调查研究——基于 D 师范大学的调查》，《教师教育研究》2012 年第 1 期。

教育部：《义务教育英语课程标准》（实验稿），北京师范大学出版社 2003 年版。

教育部：《义务教育英语课程标准》，北京师范大学出版社 2011 年版。

教育部：《教师教育课程标准（试行）》，教育部 2011 年 6 号文件。

教育部师范教育司：《教师专业化的理论与实践》，人民教育出版社 2003 年版。

李崇爱、万成：《教师专业化进程中的教育实习：理念、目标、模式》，《现代教育科学》2006 年第 11 期。

李崇爱、王昌善：《欧美发达国家教育实习的模式与理念》，《教育评论》2005 年第 4 期。

李广、杨宏丽、许伟光、高夯：《我国高师院校教师教育课程设置及实施问题调查研究》，《东北师大学报》（哲学社会科学版）2008 年第 6 期。

李伟：《行动研究与教育实习指导教师角色再定位》，《浙江师范大学学报》（社会科学版）2005 年第 2 期。

林一钢：《实习教师个体理论变化研究》，《全球教育展望》2008 年第 6 期。

林一钢：《中国大陆学生教师实习期间教师知识发展的个案研究》，学林出版社 2009 年版。

刘建明、张明根：《应用写作大百科》，中央民族大学出版社 1994 年版。

刘丕勇：《高师外语专业学生教育实习改革的探讨》，《内蒙古民族大学学报》2006 年第 3 期。

刘学惠、申继亮：《教师学习的分析维度与研究现状》，《全球教育展望》2006 年第 8 期。

刘学惠：《探究教师建构性学习：一个英语教师课堂研究小组的案例》，博士学位论文，北京师范大学，2007 年。

吕立杰、郑晓宇：《实习教师"现实震撼"的表现与分析》，《外国教育研究》2008 年第 9 期。

马健生、孙珂：《基于课堂观察技术的免费师范生研究型教育实习模式初探》，《教师教育研究》2011 年第 3 期。

毛齐明：《教师学习——从日常话语到研究领域》，《华东师范大学学报》（教育科学版）2011 年第 1 期。

孟宪乐：《师生双向专业化发展：全程教育实习模式研究》，《课程·教材·教法》2003 年第 4 期。

倪小玲：《我国高等师范教育实习的现状分析与改革对策》，《高等师范教育研究》1990 年第 2 期。

涂珍梅：《高师混合编队模式下的教育实习质量监控》，《高教探索》2005 年第 5 期。

曲霞、周盼盼：《理论性知识与反思在教师实践性知识形成中的作用——基于实习生的案例研究》，《教育学术月刊》2012 年第 2 期。

宋改敏、李景元：《实习教师是如何习得实践性知识的？——课堂教学管理的视角》，《教育学术月刊》2010 年第 1 期。

王红艳：《新手教师在学校实践共同体中的学习》，重庆大学出版社 2012 年版。

王建磐：《中国教师教育：现状，问题与趋势》，《教师教育研究》2004 年第 5 期。

王较过、朱贺：《英国教师职前培养的教育实习及其启示》，《教师教育研究》2007 年第 4 期。

王洁、顾泠沅：《行动教育：教师在职学习的范式革新》，华东师范大学出版社 2007 年版。

王蔷：《用改革的方式解决英语课程改革面临的困难》，《中国教育报》2008 年 9 月 12 日，第 5 版。

王蔷、田贵森、钱小芳、袁邦株：《外语师范教育：现状与建议》，载吴一安等《中国高校英语教师教育与发展研究》，外语教学与研究出版社 2007 年版。

王强、刘晓艳：《认知学徒制与教育实习——对 S 师范大学教育实习的分析归纳研究》，《全球教育展望》2007 年第 4 期。

王文静：《情境认知与学习》，西南师范大学出版社 2007 年版。

王永红、汪朝阳：《高师教育实习改革思路探索》，《高等师范教育研究》2000 年第 3 期。

魏春梅、邵光华：《教师课改阻抗的原因与启示》，《教师教育研究》2013 年第 2 期。

文秋芳：《国家外语能力的理论建构与应用尝试》，《中国外语》2011 年第 3 期。

吴启迪：《"第二届中国外语教学法国际研讨会"的开幕致辞》，上海，2006 年。

吴兆旺：《实习教师的教学反思研究》，《全球教育展望》2011 年第 6 期。

吴格奇：《学习如何教：拓宽课程设计的视角——香港大学教育学院师范生教育实习反思话语分析》，《现代教育科学：高教研究》2007 年第 1 期。

武尊民、陆锡钦：《职前外语教师教育课程研究》，载吴一安等《中国高校英语教师教育与发展研究》，外语教学与研究出版社 2007 年版。

徐志伟：《高师院校教育实习的回顾与愿望》，《课程·教材·教法》1999 年第 2 期。

杨全印：《学校文化的表现及其对教师的影响》，《教师教育研究》2011 年第 2 期。

杨秀玉：《荷兰现实主义教师教育实习模式探究》，《外国教育研究》2009 年第 12 期。

杨秀玉：《实习教师的关注研究及其对教师教育实习的意蕴》，《外国教育研究》2009 年第 6 期。

姚成荣：《变革的历程与历史的启示——对当代中国高师教育实习的回顾与思考》，《高等师范教育研究》1993 年第 1 期。

姚云：《中外师范生教育实践的比较及其启示》，《比较教育研究》1998 年第 1 期。

叶澜：《教师角色与教师发展新探》，教育科学出版社 2001 年版。

叶澜：《中国教师新百科全书（中学卷)》，中国大百科全书出版社 2002 年版。

于波：《高中数学模块课程实施的阻抗研究——基于十省市的调

查》,《课程·教材·教法》2013 年第 2 期。

章跃一：《关于我国教师教育实习课程改革的思考》,《课程·教材·教法》2008 年第 11 期。

赵昌木：《美国教师专业发展学校：理念，实施与问题》,《外国教育研究》2003 年第 10 期。

赵健：《学习共同体—关于学习的社会文化分析》,华东师范大学出版社 2006 年版。

郑师渠：《论高师院校的转型》,《教师教育研究》2004 年第 1 期。

朱晓民、张虎玲：《教育实习对高师生教育学知识发展的影响研究》,《教师教育研究》2010 年第 3 期。

左瑞勇、王纬虹：《高师课程改革必须以中小学教师专业发展为目标——基于对 175 名中小学校长、管理人员和教师的调查与思考》,《课程·教材·教法》2008 年第 7 期。

邹迟：《高师教育实习成绩评定刍议》,《西南师范大学学报》（哲学社会科学版）1996 年第 1 期。

邹为诚：《中国基础教育阶段外语教师的职前教育的研究》,《外语教学理论与实践》2009 年第 1 期。

附　　录

（一）实习日志

苏雅　2012/9/18 星期二

今天是实习的第二天，见到了我的学科指导老师张老师，是一位很和蔼又不失威严、非常 easygoing 的人。初次见面，感觉还是很不错的。和所有的实习生一样，我今天的工作也是改作业、听课、早晚自习及闲暇时间尽可能的到班里去巡逻，早操和老师一起去清点人数。总之，就是常规的实习工作。

而我收获最大的就是听课环节。今天张老师在讲 reading 部分时，在课前就给出了 learning aim（学习目的），让学生对本节课的学习有一个明确的认识，知道本节课要达到什么目标，从而知道该如何努力。这些都是我们教学法中学到的，而在我们传统的教学模式中是没有的，至少我所接受的教学中没有这一项。可见，现在的老师都在努力实践新课标的要求，改变传统的教学模式。更难能可贵的是，张老师在重点班和平行班的 learning aim 是不一样的，在重点班是 develop，而在平行班只需要 know 就可以了。而在具体的上课环节时，课程的讲解顺序和讲解节奏是不一样的。

以前，我看到的高中英语老师都是讲解语法呀，拼命督促学生做题，讲解各种题目呀，他们自己不快乐，学生也很郁闷；而在北京，我看到了新的英语教学理念活生生地存在于课堂中，英语老师能和学生一起在轻松而热烈的氛围中用英语表达自己的看法。

同时，真的不得不感叹一下，北京的学生的教育资源真的是太丰富了。高中每个班只有三十多个同学，是小班教学，而在中国的其他地方，高中的学校要是一个班有五六十人，那在当地都算小班了。他们的课程设置也是非常丰富多彩的，有自选课，学生可以根据自己的兴趣选择课程。即使是最简单的早操，也不是一样的。周二和周四是扇子舞，而其他的三天是第九套广播体操。生在皇城脚下，享受着这些丰富的教育资源，学生的视野也是非常广的。就拿今天的阅读 theme park 来说，学生讨论的时候就非常积极，很多同学都去迪士尼公园玩过，有话可谈。而对大多数中国的学生来说，都没有去过主题公园，这一课对他们来说就是了解学习的过程，根本不会有那么广的视野。

总之，这一天还是很有收获的。

（二）半结构式访谈提纲样例

访谈者：＿＿＿＿＿＿＿　　被访谈者：＿＿＿＿＿＿＿

访谈日期：＿＿＿＿＿＿＿　　访谈时间：＿＿—＿＿

访谈地点：＿＿＿＿＿＿＿　　录音文件：＿＿＿＿＿＿＿

实习初期访谈

关于学生的家庭背景，学习经历，选择做英语师范生的原因，在师大学习后思想的改变。

1. 你能简单描述一下你的家乡吗？经济状况，人们对教育的态度，对英语教师的态度？

2. 当初报考师大英语系时，你的考虑是什么？你当时知道报考它意味着什么吗？你当时觉得教英语怎么样？

3. 在师大学习的日子里，你经历了些什么和英语教学有关的印象深刻的故事吗？这些故事给你带来什么改变？（英语教学呢？教师的职责呢？教师的地位呀什么的？）

4. 你觉得教育实习应该是什么样子的？从教育实习中你期待获得什么？

（三）F 中办公室观察笔记（节选）

2012 - 10 - 24

上完课后，恬静、贺老师、李老师回到办公室。贺老师说我们坐下来讨论一下恬静上课的情况。

（备忘录：恬静看起来很紧张，一直转着笔，为什么？）

贺老师：恬静（匿名处理为恬静），你讲讲自己的感觉？

恬静：我感觉还行。至少控制住了课堂局面，计划的内容基本上讲完了。问题是我没写多少板书，最大的问题是没有真正引入学生参与，学生参与少了，没说太多话。还有就是我自己讲英语不太熟练，不太自然。

（备忘录：恬静为什么说自己没有真正引入学生参与，她认为什么是真正参与）

贺老师：我觉得整体上是不错。新手嘛，声音大小也还好。李老师你说说。

李老师：课堂气氛挺活跃的，选的音乐也是学生挺喜欢的，没有 out。我不太明白的地方是，leading in 的铺垫不够，你问喜欢什么音乐之后，直接进入活动，如果他们不知道这些活动怎么办？音乐时间有点长，所以后面的可有点赶。放完音乐后，喜欢问一个问题——what is the music like？不好回答吧，这问题。

（恬静认真记着，好像在思考问题）

贺老师：设计思路还好，反义疑问句是这节课的重点之一。问题是，主线不够明确，目的有些模糊。用音乐材料什么的，不能忘记这是语言课。板书没有什么，PPT 翻过去了，留不下痕迹，要板书。外面找的材料和课本活动之间的跳跃有点大，我担心学生不理解对话中的生词，如果没有铺垫的话。你记不记得，每当你播放的音乐超过一定时间的时候，学生会说话？还有同学们集体回答了你的问题，你却仍然请某个同学回答时，同学会讲话？你还记不记得有次后排有个同学多次举手，你没理他，他然后就和旁边同学讲话。

……

后　记

　　这本书是作者在博士学位论文的基础上修改而成。在即将出版之际，有很多人需要感谢，也有关于质性研究的点滴感悟。

　　质性研究在国内外语界仍是一条少有人涉足的道路。然而，质性研究追求直透本质，收集材料时所求的融入研究对象所处场域、材料的丰富性和深度，分析材料时所追求的视域融合和阐释性理解，正是深度触摸实习教师专业学习的丰富肌理乃至深度机理所需的特质。

　　感谢我的导师王蔷教授引领我走上质性研究之路。在我攻读博士期间，王老师耳提面命，循循善诱，言传身教，引导我领略外语教育和教师教育研究与实践的魅力。在论文写作过程中，王老师在研究范围的界定、资料搜集和运用，论文框架设计等诸方面，给予了仔细审查和全面指导。扪心自问，我资质愚钝，难于承继王老师的治学精髓和教育情怀，希冀在以后的研究和实践中能弥补一二。

　　在北师大学习期间，我有幸聆听了外文学院众多名师的教诲。田贵森教授的渊博学识，程晓堂教授的缜密思维，罗少茜教授的敏锐洞察让我受益良多。他们对论文富有洞见的评点和建设性的建议给我深刻的启示。北京外国语大学周燕教授、清华大学范文芳教授拨冗审阅了论文，并在（预）答辩时提出了许多启发性的意见和建议。

　　该研究还得到外语教育和教师教育研究所老师和同学们的襄

助。马欣老师为本研究参与者的选取和研究场域的进入提供了极大的帮助,陈则航老师、钱小芳老师和师曼老师也多次询问研究的进展并给予鼓励。张文华、张虹、国红延、张宁、图雅、胡亚琳、崔琳等同门师兄妹为论文的完成提供了大力支持和关心。

2011 级同学颜奕、袁妮亚、李兰荣、王照岩等在学习方面给予不小的帮助。室友周松、房小捷,好友高龙彬、朱昆、杨毅丰等在文化和文字方面的修养也给我不小的影响。

要感谢的还有江西师范大学外国语学院。学院营造的良好学术氛围、提供的多方面帮助使得这本书的出版成为可能。